ニッポンぶらり旅

可愛いあの娘《こ》は島育ち

太田和彦

集英社文庫

ニッポンぶらり旅　もくじ

豊橋

八丈島

酒田

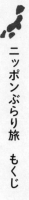

本文デザイン・横須賀拓
本文イラスト・風間勇人
本文写真・太田和彦

ニッポンぶらり旅▶

可愛いあの娘は島育ち

太田和彦 Kazuhiko Ota

豊橋

2013年6月

ヤマサちくわ本店の看板文字がいい

東海道の真ん中で

ぶらり旅、東海道豊橋《とよはし》。まずは駅前から少し離れた木造総二階「勢川本店《せがわほんてん》」へ。上は大広間らしいが、瓦屋根に扇形の大看板をのせた庶民のそば処《どころ》だ。

「にかけ」

「うどんですか、そばですか」

「うどん」

「はい、にかけうどん一丁」

当店名物〈にかけうどん〉は、〈かけ〉四四〇円の具はほうれん草だけだが、〈にかけ〉四五〇円は、加えて油揚、薄いかまぼこ一枚にたっぷりの削り節がのる。

さっき見た道標は「東海道吉田宿《よしだしゅく》　江戸まで七十三里　京まで五十二里」。豊橋（旧吉田宿）は東海道五十三次の中ほど、江戸日本橋《にほんばし》から数えて三十四番目。関東関西の分岐点と言われ、味もここで変わる。関東はしょっぱい醤油《しょうゆ》、関西は甘めのたまり醤油。

出汁《だし》は鰹節《かつおぶし》から昆布《こんぶ》、麺は蕎麦《そば》からうどん、鰻蒲焼《うなぎかばや》きは蒸し焼きから直焼《じかや》きになる。

注文して一分で届いた〈にかけうどん〉のおつゆは関東のように黒くなく、大阪のように透明ではなく、中間の薄茶色。甘みのある味は醬油とたまりのミックスか。出汁は昆布の旨《うま》みにたっぷりのせた削り節は隣名古屋のきしめんを思わせる。太く縒《よ》れた関東うどんとはちがう中丸ストレートの関西型。客の注文は、そばよりもうどんが多いようだ。

つるつるつるつる。

あーうまい。やっぱり関東と関西の中間の味でした。

気取りのない店で、けんちん、味噌《みそ》けんちん、磯とじ、カルビ、コロにかけ、コロたぬき、コロ山かけ、きのこおろし、牛しゃぶおろし、当店おすすめ海老《えび》おろし、味噌煮込みうどん、キムチ鍋うどん、すき焼うどん、冷し坦々麺《タンタンメン》など、品書きは皆食べてみたくなる。〈名物豊橋カレーうどん・驚きの二重構造〉とは何だろうか。当店創業は大正三（一九一四）年、ということは来年で開店百年。古い柱時計が貫禄《かんろく》だった。

べっぴん鰻

豊橋は何度か訪ねておよその土地鑑はあり、腹ごなしに旧東海道沿いの魚町《うおまち》をぶらぶらと。

創業明治七（一八七四）年、佃煮《つくだに》「濱金《はまきん》」の古い構えがいい。「すみません見るだけ」とは言ったものの、感じのよい応対につい買いたくなり、試食しておいしい海老あられとたまりあさりを買った。

正面に大きく〈ちくわ　かまぼこ〉の切り文字を並べた「ヤマサちくわ」本店は創業文政《ぶんせい》十（一八二七）年。

天文《てんぶん》年間（一五三二〜五五）、今川義元《いまがわよしもと》が勢力を誇っていたとき、「片浜十三里《かたはまじゆうさんり》の海（伊良湖《いらご》岬から静岡新居浜《あらいはま》までの外洋）より揚がりたる魚はすべて安海熊野《やすみくまの》神社の境内において売買のこと」のふれを出し、魚の流出を避けたため、豊富なすり身をつかった竹輪《ちくわ》は豊橋名物となった。このヤマサ本店隣が安海熊野神社だ。

昔ながらの長い木製勘定台越しの売場がいい。太筒《ふとづつ》に荒縄を巻いた「三河《みかわ》煙火　手筒竹輪」は、徳川家康《とくがわいえやす》が鉄砲隊を火薬に慣らすため始めた、腹に抱く手筒花火の形だ。「旬のちくわ」七月の鱧《はも》は六本・三一五〇円と高価で、七月二日間だけの限定発売。制服の女性店員は躾《しつ》けよく、一番高い鯛《たい》ちくわを購入。これで缶ビールを買えば今夜居酒屋にゆく必要はないナ。

続く魚屋「魚伊《うおい》」、鶏肉《とりにく》「鳥綱《とりつな》」も古そうだ。年齢のせいか駅前繁華街よりも、こういう昔町がいい。おかめの顔に「和菓子」と書き入れたこれも古い「岡女堂《おかめどう》」は名前が気に入り、何か買いたい。

「柏餅《かしわもち》、こしあん一個」

「はいはい」

お婆《ばあ》さんはとても親切だ。これで今夜のデザートもできた。

旧東海道筋の石碑「吉田宿本陣跡」によると、享和《きょうわ》二（一八〇二）年、東海道吉田宿には本陣二軒、脇本陣一軒、旅籠《はたご》六十五軒が賑《にぎ》わったとある。街道旅に竹輪も喜ばれたことだろう。本陣跡は鰻の名代「丸《まる》よ」で、ここにも札が。

〈「べっぴん」語源発祥の店　明治初期に田原《たはら》藩家老・渡辺崋山《わたなべかざん》の息子、渡辺小華《しょうか》の発案により「すこぶる別品」の看板を掲げ鰻を売り出した所、大好評を得、言葉が全国に広まり、極上品はすべて「べっぴん」、明治中期には美しい女性（美人）にも使われるようになりました。丸よはその伝統の鰻を今も焼き続けております〉

渡辺崋山は藩政改革に大功あるも、藩政に容喙《ようかい》したという「蛮社《ばんしゃ》の獄《ごく》」に連座され、絶筆「不忠不孝渡辺登」を残し池《いけ》ノ原《はら》屋敷納屋にて切腹。家老職を継いだ小華に父の戒名・建墓が許可となったのは明治元年だった。

崋山は画文の才たかく、この道に生きたかったが立場がそれをゆるさなかった。国宝

「鷹見泉石像《たかみせんせき》」の熱誠を秘めた厳しい眼光は崋山その人に見える。

べっぴん鰻をいただきたいが、鰻の値段は高騰中。でも大店《おおだな》の中だけ見たくて打ち水の玄関へ。

「明日の昼は何時からですか？」

「十一時です、どうぞお待ちしております」

とても別嬪《べっぴん》な女将《おかみ》さんでした。

その先の松葉《まつば》公園の広場に、小雨に濡《ぬ》れてポツリと小屋掛けのテントが建っている。海の家のような葦簀《よしず》を回した中を覗《のぞ》くと人影なく、階段状客席が見下ろす平台ステージに張った紐《ひも》に、舞台衣裳《いしょう》だろうか派手な服がいくつも干されている。チラシ〈劇団どくんご公演第二十七番「君の名は」名も知らぬ君を訪ねて……相呼び慕う恋のさすらい空前の豪華配役〉とあるが、出演・暗悪健太／五月うか／2Ｂ／石田みや／どいの、と知らない人ばかりだ。日本中を旅回りする劇団で、豊橋は昨日と今日の二回公演。今夜七時の開場。さて、これは……。

旅回り一座の夜

旧東海道の山家風《やまが》の割烹《かっぽう》料理屋「千代娘《ちよむすめ》」は、切妻《きりづま》大屋根の白壁下は檜皮葺《ひわだぶ》き、金文字浮き彫りの「千代娘」扁額《へんがく》を上げ、しめ縄、茶の暖簾《のれん》。緑植え込みの玄関周りに打ち水が清々《すがすが》しい。

「こんちは」

「お待ちしてました」

迎えるお母さんは今日は夏のアッパッパの軽装。「楽な格好ですみません」と笑う福顔は変わらない。「いらっしゃい」手を拭きながら奥から出てきたご主人は白衣調理人正装。とんぼめがねの娘さんが「いらっしゃいませー」と大ニコニコで現れ、まるでお盆帰省の気分だ。

クイー……。

ビールがうまい。お通し〈玉子豆腐〉がひんやりと美味だ。目の前のカウンター先の大皿に並ぶ鯵《あじ》南蛮漬・筑前煮《ちくぜんに》・おから・バイ貝・鰻八幡巻《やわたまき》・わたり蟹《がに》などから、蛸《たこ》桜煮ときんぴらを。なんでもなく見える料理の丁寧な仕事は十八歳から京都で料理修業した腕だ。

豊橋は関東関西の中間地。煮物は生《き》醤油にたまり醤油を四分の一足し、平目など白身魚はきりっとした生醤油。鯖《さば》、はまち、鯵などはたまり醤油、伊良湖岬の若鯛は関西風の紅葉《もみじ》おろしポン酢醤油を使う。

経木《きょうぎ》に達筆の本日の品に目を通しておよそを知ったのち、決めていた注文を言った。

「時季のものを」

注文にうるさい（と言うか、そう思われたい）自分は「おすすめは？」や「おまかせで」が嫌いだが、幾度も来て気ごころ（味ごころ？）の通じる店はこれもよいかと思うようになってきた。はたしてご主人は「かしこまりました」と大きくうなずき奥へ消えた。

「太田さんの本を読んで来てくださるお客さんが多いんです」

お母さんがおっしゃるに、新幹線を途中下車、最終に間に合うタクシーを予約してゆっくりやる人が東西から来るというのも、東海道真ん中の豊橋ならではか。

届いた皿は〈みる貝〉刺身。目の前でバッツンと叩《たた》いたのを酢橘《すだち》塩で、コリッとした甘みがおいしい。三河湾は貝の名産地だ。添えた松葉のように細い野草〈松菜〉は、海水が寄せる浜に育ち、干潮時に採るという。親戚が届けてくれた初夏一番の若いのは茹《ゆ》でなくても食べられ「潮の味がします」と言う通り、しゃきっと噛《か》むと、生臭い磯香とはちがうミネラル豊富な海の塩味だ。先日青森の人が「このへんの野菜ですか」と尋ね、青森にもあるがもっと長く、茹でると濃い緑になると話したそうだ。

　私の指定席は玄関を入ったすぐ右の小さな寄り付きカウンターだ。白カバー丸椅子の後ろに設けた、西部劇で馬をつなぐような丸棒の背もたれバーが具合よい。奥の机で伝票を整理するお母さんを見ながらの独酌はいいものだ。

　遅くなりましたとスチロール箱の配達が届き、じりじり待っていた様子の主人がすぐ開け「お、マダカが入っとる」と呟《つぶや》いた。そのマダカ（若いスズキ）の背身と腹身はさっぱりと男らしいコクがあり、銀肌を残した鯖の腹身は若手歌舞伎役者のような華がある。生産日本一の大葉の鮮烈な香りがむせるようだ。

「あ、時間時間」

　と言うのは昼に見た松葉公園の劇団どくんご公演『君の名は』の開演だ。「え、あれ行くんですか?」と娘さんが目を輝かす。明日も来ますと声を残して急いだ。

魂の遍歴

しかしそぼ降る雨に野外公演は中止かもしれない、客は私一人だとつらいなと思いながら行くと、階段席は満員で上の方に座った。「劇団どくんご」については何も知らない。大衆演劇か若手前衛劇か。戦後大ヒットしたすれ違いメロドラマ『君の名は』のパロディーだろうか。

派手な道化師風の衣裳でアコーディオン、ギター、バンジョー、錆《さ》びたサックス、またがって座った箱を叩くペルーの打楽器カホンの五人が『君の名は』のテーマ曲を「せーの ♫ららー、らーららら」とちんどん屋風に始め、アコーディオンのピエロ女性が「おひけえなすって」と仁義を切る。二坪ほどの平台ステージの背景布は電柱にカラスの白黒画。それをどんどん引いて場面を変え、独り芝居、あるいはかけあいで男優女優が入り乱れる。

「君はあきれた女だな、自分が死んだのも知らんのか」

「ほらよく見てボク、欠けた前歯もボクボク。そこで死んでる君、それは確かにボクなんで、見ているボクはいったい誰だろう」

劇団どくんごの熱演ステージ

誇張したしなやかな演技はパントマイムが基礎にあるようだ。ステージに当たるライムライトに蛾《が》がとび交い、テント屋根にバラバラ降り続く雨音が絶妙に効果をあげる。「♫ゴマをすってもカネするなー」「そこは墓場、ゾンビにぶつかった」「下はごわごわだー」。ロキシーミュージック風の音楽にのった四人のタップダンス。黒いバレエ衣裳でゴジラを相手に「誰だ君を呼んだのは」と踊る男。首高ピノキオのぎくしゃくした動き。高射砲のように続くナンセンスで意味深い台詞《せりふ》。哀愁をおびたサーカス風音楽。

私は魂を奪われた。これはフェデリコ・フェリーニの華麗な魂遍歴劇だ。含み綿で発声を子供に変えた女優は、名作『道』で大道芸を踊る無垢《むく》なジェルソミーナを思わせる。背景布がするすると開いて現れた暗い雨の広場に、マントを翻して踊り消えてゆくのは、四十数年前の学生時代、新宿花園《しんじゆくはなぞの》神社境内で激しく感動した唐十郎《からじゆうろう》の野外テント劇と同じだ。その精神はしっかりとこの旅回り一座に生きている。

やがて全員が勢ぞろい「♫いざ、シャングリラ」と歌い踊る大団円に万雷の拍手がわいた。

神武天皇像と茅の輪

雨も上がった朝、散歩に出た松葉公園では、昨夜見た「劇団どくんご」のテント芝居撤収が始まっていた。小屋掛けをはずす旅回り一座はどこか哀愁がある。頑丈な工具ベルトを腰に下げたのは熱演していた女優さんだ。今日中に群馬県に移動して公演にそなえるという。

チラシによると一九八三年、埼玉の大学の演劇研究会を母体に劇団発足。八八年より「犬小屋テント劇場」を持って全国公演を始めた。今年の『君の名は』は四月から十一月まで全国四十カ所を回るというから並大抵ではない根性だ。遠巻きに見ていたが話しかけてみたい。

「劇団名の『どくんご』はどういう意味ですか？」

「意味はありません、それぞれが見つけてくれればいいんです」

私は昨夜の劇の見方がわかったと思った。天晴《あっぱ》れな演劇魂を持った「旅する劇団」の次回作を、ぜひまた旅のどこかで見たい。

昼飯は今日も「勢川本店」へ。豊橋はカレーうどんを新名物にマップには五十一軒もの店が、丼写真入りで紹介される。〈名物豊橋カレーうどん・驚きの二重構造〉とは、とろろご飯の上にカレーうどんという強引な発想。豊橋名産うずらの卵を入れるのがお約束で、豚肉・葱《ねぎ》・油揚の黄色いカレーうどんを終えると、下には本当にとろろご飯がかなりの量で入っている。

感想は「オレはカレーうどんを食べたのか？　カレーライスを食べたのか？　とろろご飯を食べたのか？」三つの「？」でした。

柏手を打って

フクザツな腹ごなしに豊橋市公会堂を見に行った。

正面大階段上に四本のギリシャ式列柱を並べ、上部は半円アーチの連続。ステンドグラスの円窓。中近東風モザイクで飾った巨大な半球ドームをのせた望楼塔を左右に配し、塔四方角には翼を広げた大鷲《おおわし》彫刻が四羽ずつ威風をはらって睥睨《へいげい》する。いろんな様式をかまわず使った、かなり好みの強い外観はロマネスク風スパニッシュ・コロニアルという言い方が近いか。市制二十五周年を記念した昭和六（一九三一）年、浜松《はままつ》出身の中村《なかむら》與資平《よしへい》の設計で建てられた。中村は静岡市にもよい建物を残している。

隣の緑深い豊橋公園は現在の市の基礎を作った吉田城のあったところ。一角に句碑が建つ。

〈茶の薫る三河の国へ帰省かな〉

俳人・富安風生《とみやすふうせい》は現在の豊川《とよかわ》市の出身。この句はまあまあか。

森の奥、高い台座にひっそりと立つ等身よりやや大きな青銅像にひきつけられた。大国主命《おおくにぬしのみこと》のような古代髪形と衣裳、長刀を腰にして左手に大弓、右に鞭《むち》、背に矢筒を背負った顔に見覚えがある。

解説によると、日清戦役勝利記念に建てた神武《じんむ》天皇像だが、顔は〈かしこくも明治大帝をお写し申し上げ〉た〈その均整のとれた気高い風格といい、おのずからなる威厳の拝せられるのは、明治時代の代表的芸術のこもった傑作といわねばなりますまい〉とあるのは誠にその通りだ。有為転変を経て人目を忍ぶように座所を定めたこの地にこんな名品があった。

表通りに出ると、木造下見板張り白ペンキに緑青《ろくしょう》屋根が美しい「豊橋ハリストス正教会」が建つ。尖塔《せんとう》をのせた八角形の鐘堂、クーポラ（玉葱型ドーム）を置く聖堂などのロシアビザンチン様式。大正二年、知多《ちた》郡出身の河村伊蔵《かわむらいぞう》の設計は精緻な工芸品のようで見飽きない。

解説板に山下《やました》りん描く、イコン（聖像画）の写真がある。安政《あんせい》四（一八五七）年、茨城笠間《かさま》に生まれた山下りん（聖名イリナ）は、明治十年工部美術学校でフォンタネージの指導をうけた後に退学して正教会に入信。帝政ロシア・ペテルブルクに留学した日本人最初のイコン画家だ。明治の初め、女子の身で言葉もわからないロシアに単身渡り、帰国後は誰とも交わることなく生涯、聖像を描き続けたこの人をよく知りたいと思っていた。何気なく歩いて予期しない名品に出会う。旅は良いものだ。

雨の上がった空気さわやかな晴天の七月。肩にカバン、手に小型カメラの町歩きが楽しい。ただ見るだけよりも、構図や角度を工夫して写真を撮るのはアクセントになる。私の得意は縦構図だ。

すぐ隣の「安久美神戸神明社《あくみかんべしんめいしゃ》」は、平将門《たいらのまさかど》の乱（関東を制圧した将門が新皇を自称して独立勢力圏を試み、朝廷への反乱とみなされ二カ月で滅ぼされる）鎮定祈願に、朝廷が三河飽海荘《あくみのしょう》を伊勢《いせ》神宮に寄進し、天慶《てんぎょう》三（九四〇）年創建したという古社。神領の安泰を祈願する、鬼と天狗《てんぐ》の田楽《でんがく》「鬼祭」が重要神事というのに太古ののどかさを感じる。

ほぼ完成した夏の茅の輪

境内では青草の茅萱《ちがや》を束ねて大きな輪に建てる、夏の「茅の輪《ちのわ》くぐり」の支度をしていた。神明社は六月三十日「夏越祓《なごしのはらえ》」と大晦日《おおみそか》「大祓《おおはらえ》」の年二回、この輪くぐりお祓《はら》いを行う。ほぼ出来上がったらしく、腰をおろして一服中だ。

「初めてにしちゃよくできた」

「こういうのは好きでなきゃね」

「やっぱ仕上げは床屋のイトーさんでないと」

最後に刈り込んでいるのは床屋さんらしい。髪を刈るのと同じか。これはどうくぐるんですかと聞くと、得たりとばかり教えてくれた。8の字を横にした方向に輪をくぐり回り最後に直進、神前で柏手《かしわで》を打つ。ようし。

私は鞄《かばん》を置き、神妙にその通りに回り、柏手を打って戻ると、見ていたお父さん六人が満足そうに笑った。

豊橋の六〇年代モダニズム

繁華街松葉小路を抜けた通りの「喫茶フォルム」のモダンなたたずまいにひかれて入った。通り側は全面ガラスの長方形の空間に、すべて間接照明の天井は空調機もふくめて黒一色、床はグレー無地カーペット、置く丸テーブルは白。色のないモノトーンをやわらげるように奥の厨房《ちゅうぼう》まわりだけは木材。両壁の打ち放しコンクリートは年月を経てほどよく油が浮き、個展の絵が掛かる画廊喫茶だ。

コーヒーを手に静かに流れるチェロソナタを聴きながら、いくつか置いた石の抽象彫刻を見ていると、かつて新宿にあった名曲喫茶「風月堂《ふうげつどう》」に雰囲気が似ていると気づいた。そこは画家・岡本《おかもと》太郎《たろう》、美術評論家・瀧口《たきぐち》修造《しゅうぞう》、前衛詩人・白石《しらいし》かずこ、新進作家・五木《いつき》寛之《ひろゆき》、舞台美術家・朝倉《あさくら》摂《せつ》、評論家・栗田《くりた》勇《いさむ》、女優・岸田《きしだ》今日子《きょうこ》、劇作家・唐十郎、詩人・寺山《てらやま》修司《しゅうじ》など六〇年代気鋭の芸術家のたまり場として知られていた。

昭和三十九年、東京の大学に進学した私は、同じ高校美術部ですでに上京していた二年先輩に呼ばれてそこに行き、高い天井まで一気にのびる打ち放しコンクリート壁のモダン建築に目を見張った。先輩の「ここに来れば誰かいるんだ」と東京にもの慣れて紅茶を飲む様子がまぶしく、自分もそういう世界に入るのかなあと思った。

銀髪に白上着、黒蝶《ちょう》タイ、温和な中に芯のありそうなマスターにうかがうと、昭和四十二年に開店。設計は地元の山田雅夫《やまだまさお》氏で二階の「酒房《しゅぼう》かるとん」も同じと聞き、開店前だが見せていただいた。

こちらも黒天井にグレーカーペットで壁と机はすべて生地の木肌。その木壁にびっしり彫った欧文に目を見張った。書体はアルファベットで最も格調高いオールドローマンのベネチアンスタイルだ。

グラフィックデザイナーの私はタイポグラフィ（文字を使ったデザイン）を得意としたが、ローマで遺跡碑文を見て、とても真似《まね》できないと思った。しかしこの彫り文字は日本人離れして、力強くしなやかに張る直線、「O」や「R」の優雅なカーブなど、これほど見事なレタリングは見たことがない。驚くべきは大面積平板への修正のできない一刀直彫りにもかかわらず、同じ字は同じに、全く乱れがない。ダンテ、ボードレール、ゲーテ、ランボオ、ラブレーなどの酒の箴言《しんげん》の英・独・仏語という。この由来を知りたい。

「喫茶フォルム」のモダンな店内

翌日、いつも朝十時ころここにお茶を飲みに来るという山田雅夫氏を待ち、マスターに紹介いただきお話を聞いた。

彫刻家で建築デザイナーの山田さんは、グラフィックデザイナー・三宅亨《みやけとおる》氏、写真家・西澤豊《にしざわゆたか》氏（故人）と「アトリエギルド」を結成。昭和四十年代、豊橋を中心にいくつもの喫茶店や商店建築を手がけた。その最初が「喫茶フォルム」で、東京の学生時代によく通った新宿風月堂には影響を受けた。打ち放しコンクリートは当時は型に檜《ひのき》を使い、型代の方が高かった。流し込み技術がまだ未熟で、その荒っぽさが魅力と言うのにうなずく。装飾を排し素材の表情を生かすのが六〇年代モダンの特徴だ。

「酒房かるとん」の彫り文字壁は、東京の新潮社ロビーが世界の文字と知りアイデアになった。私は新潮社でよく見ており納得がゆく。彫り込む木壁は技術で知られる新田《にった》ベニヤに、北海道産桜材を三ミリで桂剝《かつらむ》きして四枚合板、計十二ミリ厚を発注。彫りのエッジが甘くなるのでニスは使わず墨汁で拭き込んだ。その板の山に座り、三宅さんが白のポスターカラーでレタリングする隣で、山田さんが一文字十五〜二十分で彫り、朝八時から夜十二時までかけ、およそひと月で仕上げた。彫り文字には字の輪郭を彫る「菱《ひし》合《あい》彫り」と字そのものをV字に彫る「薬研《やげん》彫り」があり、こちらだ。三宅さんは三カ国語に通じて、この詩文も山ほどある蔵書原書から自分で選定したという。

七十代という山田さんはおだやかな様子のなかに、清らかな芸術家を感じる。作っては壊す東京に、今こういう六〇年代モダンは残っておらず、豊橋で見られた感動を言うとにっこりされた。

それから行った、同じく山田さんが手がけたカフェ「バロック」は、十字路角に大きくガラス窓をとったモノトーンの室内にトーネットの真っ赤な曲げ木椅子が鮮烈。静かにバロック音楽が流れていた。

千代娘

今日も居酒屋「千代娘」。二日続けては初めてですねとお母さんが喜んでくれる。鶏肉そぼろの冬瓜《とうがん》煮がおいしい。ごぶさたの挨拶も済んだ二日目の酒がいい。

「豊橋はのんびりした所、大物武将が頭の上でいろいろやってるが関係ない、東西の狭間《はざま》に生きてきた知恵ですかね」と言うご主人に賛成だ。「英雄」とやらが「天下取り」する大河ドラマなど見たくもない。人を殺して威張るのが英雄か。そんな人物より、毎日を地道に豊かに生きた庶民にこそ共感がわく。

「お芝居どうでした？」娘さんは私が昨夜ここから見に行った「劇団どくんご」の結果

を聞きたくてたまらないようだ。演劇好きで東京で蜷川幸雄《にながわゆきお》の『身毒丸《しんとくまる》』も見た。「じゃ藤原竜也《ふじわらたつや》と白石加代子《しらいしかよこ》だね」と、私と演劇の話ができるのがうれしそうだ。

旅はおもしろい。久しぶりというだけの理由で来た豊橋で、流浪の劇団の芝居に出合い、六〇年代モダン建築を発見した。

「ひとくちどうぞ」

ご主人が出してくれた、豊橋で鰻弁当を買うとついてくるという浜納豆で酒がさらにすすんだ。

八丈島

2013年7月

道草くって帰る子供がいい

島の子供たち

小さな八丈島《はちじょうじま》空港に一人降りると、予約したホテルの人が「歓迎　太田様」と書いた紙を胸に立っていた。同じような紙を持つ人が「ちょっと痩せましたか」と声をかけてくる。二、三年前大勢で泊まった民宿の主人のようだ。私は覚えはないが、島の人は来島者をよく憶《おぼ》えているのかもしれない。

迎車のワゴンには私と、すこし早い夏休みか幼子連れの若夫婦が一組。運転の女性が簡単に島ガイドをしてくれる。

「八丈島は東京から二百八十七キロ、伊豆七島《いずしちとう》最南端の、黒潮に浮かぶ亜熱帯の島。人口およそ八千余……」

初めて来たのは三十数年前だ。八丈島好きの作家・椎名誠《しいなまこと》さん編集長の「本の雑誌」主催「八丈島どか酔いセミナー」に一人で参加、往復は船だった。以来仲間たちと、七、八回は来ているだろうか。今回は一人。ゆっくり自分だけの島を過ごしたい。

「夏はダイビング体験や島一周サイクリング。八丈太鼓、明日葉《あしたば》天ぷらも有名です……」

窓外の道路は棕櫚《しゅろ》の並木がどこまでも続き、空は抜けるように青く、山の緑は密林を成して大自然の息吹が車の中まで入ってくる。何度目かの来島時に同じ車に乗り合わせた、名コメディアンにして日本冒険小説協会会長の内藤陳《ないとうちん》さんが窓を全開し「風、風がごちそう」と言ったのが忘れられない。

私は運転女性に話しかけた。

「島の方ですか？」

その方は千葉大学のヨット部合宿で来て島を気に入り、島の居酒屋「梁山泊《りょうざんぱく》」で半年ほど働き、今はホテル勤務という。梁山泊は今夜予約してある。

リゾート風ホテルの板張り床の部屋はクーラーがきいて居心地よい。今回は少し仕事もしようとパソコンを持ってきた。しかしセットを終えるとベッドに大の字に寝転んだ。昼寝だ。旅先ならどこも同じはずだが離島の解放感は格別だ。あわてることは何もない。

シェー

瓢簞《ひょうたん》型の八丈島は北の八丈富士《ふじ》、南の三原山《みはらやま》の間がおもな町で役場や警察がある。そこの三根《みつね》地区、島には少ない信号機の椰子《やし》並木通りをランドセルの子供が帰ってゆく。いや帰っていきやしない。突っつき合ってふざけたり、じゃんけんして荷物を持たせたり、道端にしゃがみこんだり、道草だ。

東京あたり（八丈も東京だが）の学童は集団下校で親が付き添うそうだが、こちらは「正しい下校」。友達と遊びながらの帰り道は子供に大切な時間だ。そんな子につい話しかけたくなるが東京ではそれもはばかられる。でもここはよいだろう。見ていると靴を蹴り投げて遊んでいる。よしオレも。

「あーした天気になーれ」

履いたビーチサンダルを蹴りあげるとなんと縦に立って着地。

「あ、雪だ、明日は雪だぞ」

「なんでなんで、夏に雪なんか降らないよ」

「降るさー、立っただろ」

「うそだよー、おじさん何してるの？」

「ん？　お天気を見てる」

「ねえねえどこから来たの？」

「あっちから」

「だめだめそんなの、ちゃんと言って、ちゃんと言って」

かわいいなあ。島の子供はどこもほんとに人なつこく、すぐすり寄ってくる。それは親たちが来島者を無警戒に迎えるのを見ているからだ。島は人が訪ねてくることがとてもうれしい。またおかしなことをしても逃げ隠れできない海に囲まれた島は、互いの信頼感が生きてゆく基礎だ。他人の子も自分の子。みんなで大切にしている。

「ねえねえどこ行くの？」

「あっち」

「あっちのどこ？」

「……居酒屋」

まとわりついてちっとも帰らない。「じゃあなー」バイバイと反対方向にしばらく歩き振り返ると遠くでまだ見ている。「おそ松くん」の「シェー」をするとすぐ真似《まね》し、一人の女の子は手にいっぱいの荷物を道に置いてポーズした。

開店五時に居酒屋「梁山泊」の暖簾《のれん》をくぐった。

いつからか八丈に来るとはここに来ること。東京、いや本土では決して味わえない島の味と酒に私は魅了された。島酒、島牛乳、島豆腐、島寿司《ずし》……、沖縄もそうだが島の産物はすべて上に「島」がつく。今日のお通し〈島タコ〉は軽い酢が暑気を飛ばして食欲をうながす。

ググググー……。

喉も裂けよと流し込む冷たい生ビールの旨《うま》さよ。

島で生が飲めるようになったのはそう昔ではない。八丈に限らず本土と離れた島は、昔からあらゆる食材の自給が必要とされた。塩、味噌《みそ》、醤油《しょうゆ》の調味料もそうだ。今は搬送の便があるが、島民は「いざ台風」で船、飛行機が欠航する危機感をつねに持つ。食糧はおろか水、薬、停電、災害救助、病人、お産。どこにも頼らない独立国の覚悟が、米一粒、小魚一尾を貴重に食べる工夫を生んだ。

まずは刺身。築地市場《つきじしじょう》などを遠回りしてこない今朝や夕方の魚だ。店には来島者に魚を説明する本がつねに用意され、八丈の魚は青いか赤いか。今日は〈青鯛《あおだい》・目鯛・金目鯛・尾長鯛〉の鯛四種と〈赤鯖《あかさば》〉。

添えた醤油には爪の先ほどの緑の〈島唐辛子〉が浸る。「決して突っつかないでください」と言うのはその超絶極辛ゆえだ。初めて来たときどのくらい辛いのかなとちょっと舌にのせ、そのあと一時間も氷を口に入れている破目になった。ようし、さっそく一箸を——。

流人島の七言絶句

島の夜はぐっすり眠った。明け方六時ころだろうか、外を見ると、朝陽《あさひ》に明るさを増したプールサイドの芝陰に、女性が一人椅子を置いて読書中。早朝の読書は気持ちがよさそうだ。私もビーチサンダルで外に出た。

頬をなでる風が目を醒《さ》ます。やはり島だ。遠い水平線から吹いてくる風はミネラル分を含むようにおいしい。プール脇から崖の段を下におりた。三原山噴火がそのまま海に流れ込んだ黒い溶岩流はシワがぐにゃりと丸く固まるが、波打ち際の岩肌は尖《とが》って荒々しく、高熱溶岩と海の出会いのすさまじさを感じる。海べりに立ち、岩礁にあたる波を見た。

大海の磯もとどろに寄する波われて砕けて裂けて散るかも

源実朝《みなもとのさねとも》の歌どおりの光景だ。真っ白に大破して消える波には周期があるようだが二度と同じものはなく、いくら見ても飽きない。

ホテルの朝食は幼い子連れ家族が多くなごやかな雰囲気だ。バイキングには朝から刺身のヅケが出る。白いご飯にのせて岩海苔《いわのり》をかけるとおいしい丼ができた。

今日は島を歩いてみよう。

東京都八丈支庁や町役場、観光協会のある大賀郷《おおかごう》は、島の中心部といっても道路が交差するばかりで、これといった店もなく閑散としている。四つ辻《つじ》の小さな森に「島酒之《しまざけの》碑《ひ》」があった。島酒は八丈焼酎のことだ。

薩摩《さつま》・島津《しまづ》藩の御用問屋・丹宗庄右衛門《たんそうしょうえもん》は苗字帯刀《みょうじたいとう》を許され、藩政立て直しに秘密裏の藩命で海外貿易を行っていたが、幕府の知るところとなり嘉永《かえい》六（一八五三）年、八丈島に流された。当時島は飢饉《ききん》に備え穀類の酒造りは禁じられていた。庄右衛門は蒸溜器《じょうりゅうき》を取り寄せて薩摩芋による焼酎製造を教えた。酒のなかった島にそれはさぞ潤いをもたらしただろう。

碑は八丈特有の玉石と焼酎甕《がめ》を同心円に並べ、丈一メートル余の大甕を中心に置く。茶色の甕は、八丈では南蛮甕とよばれた沖縄の壺屋焼《つぼややき》で釉薬《ゆうやく》を使わない焼き締めだ。

〈この碑はその由来を記して、流人《るにん》の功績を永く後世に伝えようとしたものである〉に感謝の想《おも》いが感じられる。

隣に石碑に魚を筋彫りした「魚之碑」もある。昭和四十四年四月、幻の魚「石鯛」が島で釣れ、以来全国の釣人が来島、翌年東京の釣師が待望の二尾目を釣り上げた、これを記念して……。島酒に魚を添えたというわけか。

大きな石碑は「天照皇大神宮社殿改築参道修復記念碑」。丸石を並べただけの石段は昼なお暗い樹林から突き刺すような鋭い鳴き声で野鳥が飛ぶ。上は野生の蘇鉄《そてつ》に囲まれたコンクリートの簡単な社で、ガランとした中に小さな木の祠《ほこら》がいくつも並ぶだけだ。訪れる人も少ないのか荒れているが、心細い離島に、少しでも心の拠《よ》りどころを持ちたい表れに見えた。

望郷の歌

道を歩く真夏の陽射しはかなり強いが暑くはない。海洋の中の小島はつねに海風が吹き、山の緑は充分に水分を含んで大気を冷やし、都心気温より五度は低い感じだ。

道脇の蘇鉄の生垣は、八丈の流人第一号・宇喜多秀家《うきたひでいえ》の墓だ。

備前《びぜん》岡山の武将・宇喜多秀家は羽柴《はしば》（豊臣《とよとみ》）秀吉《ひでよし》の全国統一、朝鮮出兵に功多く、秀

真夏にひっそりした秀家の墓

吉より「秀」の一字を与えられて秀吉五大老に列せられ、秀吉養女である前田利家《まえだとしいえ》の娘・豪姫《ごうひめ》を正室に迎え、岡山五十七万石の領主となった。

しかし関ケ原《せきがはら》の戦いに敗れ、慶長《けいちょう》十一（一六〇六）年、三十五歳の若さで主従十三人は八丈流罪となった。以来八丈は明治維新まで二百七十四年間、流人島となる。島の流人生活は二年に一度、前田家から米雑貨などが届いたものの、増える家族に楽ではなかった。秀家は磯に釣り糸を垂れ、たまに詩歌を詠《よ》むのみで凡俗に徹し、英俊の片鱗《へんりん》を見せることもなく五十年を島で過ごし、八十四歳で没した。来島四十年も過ぎたとき、備前国の船が八丈に漂着。秀家は国に帰る船頭に詩歌を託した。

〈遶擔點滴如琴……屋根を伝わって流れ落ちる雨垂れの滴の音はあたかも琴筑《きんちく》の音のように、枕をして寝ているこの閑静な部屋に聞こえ始めてきた。華やかな都にいた頃は長い間夜の雨の風情など感じたことはなかった〉

〈秋来看月皈志……秋が来て月を見ると望郷の念がつのって帰りたいとの思いが増して来る。その思いを我慢して代りに籠の中の白い雉《きじ》を放してやる〉

書は備前に届き、現在は岡山県立博物館所蔵という。私は岡山城を訪ねたとき城前に建つ巨大な「開祖宇喜多氏顕彰之碑」を見、城下町岡山発展の基礎を築いたという説明を読んだ。岡山の人は秀家を忘れてはいない。八丈島歴史民俗資料館には最近の岡山からの墓参を示す〈岡山邑久《おく》郡邑久町　砥石《といし》城跡の石　第2回秀家公墓参団〉と記した石が展示されていた。

墓は戒名が認められず南無阿弥陀仏《なむあみだぶつ》のみの石の卒塔婆《そとば》だったが、死後百六十二年、許されてこの五輪塔になった。寂寥《せきりよう》と苔《こけ》むす五尺ほどの石塔は生垣の刈り揃《そろ》えた蘇鉄葉や、添えた生花、コップ酒が守る人を示す。離れて七言絶句の石碑が建つ。

顕彰　中納言秀家
名将遠島幾星霜
不到時眠大賀郷
八丈春秋不可忘
君臣節義後昆芳

建設者に岡山県の字が読め、裏に二十六名の名があった。

秀家の遺族七家七十五人は維新の恩赦により出島が許され、明治三年、先祖秀家公の妻の実家である東京板橋《いたばし》区内の前田家邸内に急造された共同長屋に起居し、一介の農民として開墾に励んだと伝えられる。

すばらしき民俗資料館

大賀郷の道端にぽつりと建つ、木造廃校校舎のように見える八丈島歴史民俗資料館の、用務員室のような窓口で入館料三六〇円を払った。長い木造廊下の片側が教室風に分かれ自然、考古、民俗、産業、文化などが紹介される。

南からの海流黒潮の中心にある亜熱帯の八丈島は、アウトリガーつき漁船、高床式倉庫など、沖縄から東南アジアの南方文化圏だ。製塩に運ぶ「ウショ（うしお、海水）汲《く》み桶《おけ》」は女たちの頭上で運搬、女性は毎日三、四度も椿油《つばきあぶら》ですく長い黒髪が自慢で、渡海者に美女の島といわれた。

島の最も重要な物産は延享《えんきょう》二（一七四五）年に初記録が残る養蚕による絹織物「黄《き》八丈《はちじょう》」だ。コブナグサの煮汁で染める鮮やかな黄色の八丈一疋《ぴき》およそ二十四メートル。江戸時代の国学者・本居宣長《もとおりのりなが》の『玉勝間《たまかつま》』に島名の由来はこれであろうと記される。タブノキ染めは「鳶八丈《とびはちじょう》」、泥染め（鉄媒染《てつばいせん》）は「黒八丈」。年貢品とされるため生産女性の地位は高く、家の主権は主婦にあった。

大正期、島に新産業をと陳情しアメリカから優良牛一対を直輸入。生まれた「グランソン号」の一日最高乳量・四斗一升八合（約七十五リットル）はいまだに世界で破られていない。写真のグランソン号はまことに堂々として、昭和初期にかけて八丈は畜産王国といわれた。

漁業の主流はトビウオだ。戦後の漁港整備や大型船で昭和二十九年から十年間のハルトビは史上最高漁獲量となった。平成二年の八丈の漁獲量はトビウオ、カツオ、ムロアジ、メダイ、マグロの順。そのトビウオ、ムロアジを使うくさやは、塩が貴重品で塩漬汁を捨てずに使い回すのが旨み発酵して生まれた。八丈くさやは充分塩抜きして製品にするため臭いが淡く食べやすい。

島の新造船の御神体には女の髪の毛を使い、その髪を提供する「船霊《ふなだま》ささぎ」の神事は月経のない幼女が選ばれ、船下ろし（進水式）には新調の晴れ着で船に乗る。

自然、養蚕、畜産、漁業、産物、風習と紹介される島の暮らしがおもしろくてたまらない。

流人の歴史

慶長十一年、関ケ原の敗将・宇喜多秀家から始まった八丈流人は、明治四年まで千七百五十九人（数え方により『八丈実記』では千八百六十五人）、このうち脱島者八十二人、赦免四百八十九人。

『当世百人一首』で幕政を批判して流罪となった仏師民部《みんぶ》は、島に多くの名仏像彫刻を残し、今はすべて都文化財に指定されている。

但馬《たじま》の義民・松岡新右衛門《まつおかしんうえもん》は日照りの不作や銀山の過酷な税を訴えたが実らず、家族と離別して同志六人と江戸の目安箱に箱訴《はこそ》、同年流罪。三十七年後、赦免を知らず病死する。

八丈の流罪僧は多くが女犯《にょぼん》とされたが、実際は勢力争いやお上《かみ》に疎まれた者が多かった。江戸麹町《こうじまち》の慈運法印《じうんほういん》は流罪の無実を叫んで断食死。作られた墓に植えた蘇鉄は、花が咲くと赦免状が届くことから赦免花と呼ばれた。

博打《ばくち》胴元で流罪となった佐原喜三郎《さわらのきさぶろう》は美声の新内《しんない》名手で、吉原《よしわら》から流された花鳥《かちょう》とねんごろに。島の気象や海流を研究し食糧も調えて花鳥や仲間と船で脱島。鹿島灘《かしまなだ》に漂着したが三カ月後に江戸で捕らわれ、花島は斬首。牢《ろう》の喜三郎は体験記『朝日逆島記』を上納して出獄を許されたがすぐに病死した。

寛政《かんせい》年間（一七八九～一八〇一）の北方探検家・近藤重蔵《こんどうじゆうぞう》の長子・富蔵《とみぞう》は父に無礼を働く七人を斬り流罪に。悔いた富蔵は島の産業文化発展に生涯をささげ、不朽の『八丈実記』六十九巻を著した。展示末尾の解説にこうある。

〈八丈流人の特色は、島の文化面で数々の影響を残している事である。流人は島人に教育を教え、明治五年の学制発布とともに島には小学校が開校した。さらに建築、産業面の技術も流人によって伝えられ、現在残る樫立《かしたて》踊りや民謡・芸能も各地から流人が持ち込んだ。八丈文化は流人によって培われたと言っても差し支えない。流人の島の生活は自由であり、島人は流人を罪人扱いせず親しく交際し、八丈を第二の故郷として島の女を妻にした者もあった〉

八丈流人は時の権力者に都合の悪い人間が多かった。そういう流人を島人は温かく迎えた。国元では罪人扱いされた者が、ここでは新しい技術や文化をもたらす人と敬われた。非業の恨みは救われ、悪人もこの島では罪を重ねる気持ちにならなかっただろう。それは自然に島に尽くす心になっていった。

私は漠然と感じていた八丈島好きの根本がここにあるのを知った。八丈では本土から来て商売を始める人をよろこぶという。私も知りあった島の人はだれもが友達になった。

廃校かと見えた歴史民俗資料館は昭和十四年の元・八丈支庁で国の登録有形文化財。庭に赤煉瓦《あかれんが》門が残る。立派な建物にせず古いまま、しかし懇切丁寧な展示は島への愛と誇りにあふれ、私の胸を熱く感動させた。

資料館の裏から続く山伝いの間道、八丈島の最も古い由緒の道「馬路《うまじ》」は、檳榔樹《びんろうじゅ》や蘇鉄の亜熱帯密林に囲まれひんやりと涼しく、グルグル、ヒョロロロ、ピューイピューイと野鳥の声が絶え間ない。道脇に点在する代々の墓碑は古く、心のおちつきを感じる。

やがて見えてきた、昔の家屋を保存する「ふるさと村」の茅葺《かやぶ》き屋根の高倉は、東南アジアを思わせた。

ふるさと村の四脚高倉

かわいあの娘は島育ち

夕べに葉を摘んでも明日には芽が出るという「明日葉」は滋養強壮にすぐれ、中国では薬草とされる。八丈島では、山でまばらに摘んでおけばいつでも青いものが採れるそうだ。葉は天ぷら、茎はきんぴらや煮物にする。

明日葉うどんの「一休庵《いっきゅうあん》」は昼時で混んでいる。食堂が少ない八丈島で超大盛のカツカレーが大人気。福神漬もいっぱいついて夏には良さそうだ。うっすら緑色の明日葉うどんはもちもちと五ミリほどに太く、のせた明日葉天ぷらがおいしかった。

島歩きも慣れてきた。八丈島には近江《おうみ》八景にならって「八丈八景」がある。選定した鹿島則文《かしまのりふみ》は慶応《けいおう》元（一八六五）年、水戸天狗党《みとてんぐとう》事件に関係した父の身代わりとも言われて流刑された。

前崎晴嵐《まえさきせいらん》　大里晩鐘《おおざとばんしょう》
尾端夜雨《おばたやう》　神湊帰帆《かみなときはん》

名古秋月《なごしゆうげつ》　大坂夕照《おおざかせきしよう》
藍ケ江落雁《あいがえらくがん》　西山暮雪《にしやまぼせつ》

八景が決まると『八丈実記』の著者・近藤富蔵は四十八名の多きで発句会をつくり、漢詩、短歌、発句による八景詩作を競った。参加半数以上は流人で、歴史民俗資料館の解説に〈流人の作は望郷よりも、八丈の自然を賛美した詩歌がほとんどである。孤島に配流の身という厳しい環境にもめげず、侘《わび》・寂《さび》に精進した流人の風流心に、八丈島の流人の特徴を知ることができる〉とあった。

八丈は文芸の島でもあったのは、土地も身分もがんじがらめの故郷よりも自由な別天地だったからではないか。八景の一つ「大里晩鐘」は、大賀郷大里の寺が朝な夕なに鐘を撞《つ》いて島民に時刻を知らせた情景だ。

夕暮れの秋のあはれに添ひてまた入相《いりあい》告ぐる大里の鐘

「入相」とは夕暮れのことだ。
夏休みに入った大賀郷小学校は人なくシンとしていた。軽石ブロックを並べた碑に大きな字。

みんなでたすけあおう
ひとりはみんなのために
みんなはひとりのために

全くそのとおりだ。この言葉は東日本大震災のときに大きな意味を持ったのではないだろうか。校長先生はこの言葉を訓示したかもしれない。校門の見える雑貨屋日陰の椅子でしばらく休んだ。子供用自転車で来た女の子が頭を下げてくれ、何か話したい。

「あそこに小鳥の巣があるよ」

「知ってるよ、毎年できるよ」

「こんどのお祭は何する？」

「んー、わかんない」

八丈島夏まつりは来週だ。ビラに抽選会景品〈金＝商品券五万円／銀＝ゲーム／黄＝洗剤／紫＝花火／緑＝クリーン袋／赤＝おしぼり〉とあった。

「夏休みは？」

「七月中は宿題やって八月は遊ぶ。いつも一週間の宿題毎日やらないで土日にがーっと

八丈島の子供が大好き

やるので、こんどはそうならないようにやる」

いい子だなあ。五年生は夏休み中に長野県木島平村《きじまだいら》の子供が海水浴体験に来て交流、冬はこちらから雪山体験に行くそうだ。

「それはいい、お友達つくっておきなさい」

「うん、名刺交換する、パソコンで作るんだ」

彼女に長野県の友達ができますように。

「ねえねえ」と自転車でもう一人やって来て「さようなら」とどこかへ行った。いいなあ、島の子供。八丈島でいちばん良い時間をもった気がした。

南海タイムス

さて今夜も居酒屋「梁山泊」だがまだ早く、近所を歩いてみよう。

十字路に野口雨情《のぐちうじょう》の詩碑がある。

三根倉の坂　さか真ん中で　出船眺めて　そでしぼる

水汲み女を現地妻として子ももうけた流人が、刑期を終え江戸の妻子のもとに帰る出船。送るも送られるも涙だ。昭和五年に島に来た雨情は古老からこの話を聞き「ショメ節」の一節にと詠んだ。八丈民謡ショメ節は盆踊りや宴《うたげ》に歌われ「ショメショメ」の囃子《はやし》が入る。

南風だよ皆出ておじゃれ
（ああショメショメ）
迎え草履の紅鼻緒
波を枕に一夜が明けりゃ
椿《つばき》花咲く八丈島
黒い髪の毛長さは背丈
かわいあの娘は島育ち

八丈を訪れた歌人は多い。大正三年、アララギ派の巨匠と仰がれていた歌人・島木赤彦《しまきあかひこ》は作歌の行き詰まりや愛情問題に悩まされ、永住のつもりで来島。雨宿りが縁で八丈の女性と知りあう。

椿の陰をんな音なく来《きた》りけり白き布團《ふとん》を乾《ほ》しにけるかも

椿の赤と布団の白の対比が美しいこの歌は艶《つや》っぽい。島木は吹っ切れたのか、後に傑作の評価高い七十九首を滞在二十日で詠み、島を去った。

八丈島にはいわゆる市街や繁華街はなく、ここ護神《ごしん》交差点にぽつりとある八丈書房に島の新聞「南海タイムス入荷」のビラが出た。歴史民俗資料館に昭和五十七年十一月二十一日、昭和天皇皇后両陛下来島の紙面を展示してあった。見出しは「お元気な姿　両陛下　島の生物等をご覧に」。学者らしく顕微鏡をのぞく写真が入る。

「行啓ウラ・オモテ」というコラムに、陛下とは三度目の対面という黄八丈染元《そめもと》の山下めゆさん（85＝当時）が〈がたがたふるえて、頭がいっぱいであまり憶えていない。陛下には「何年やられているのか」などお言葉をいただいた〉などと語っている。

「南海タイムス」の創刊昭和六年は八丈の文化意識の高さを示す。毎週金曜発行・月一回休み。今週号の見出しは「参院選21日投票　原発、改憲、消費税は……」。私はそれを手にゆっくり「梁山泊」の暖簾をくぐった。一杯やりながら読もう。気分は「島人《しまびと》」だ。

食と酒の島、八丈

居酒屋「梁山泊」の若主人・山田一行さんがにこにこしているのはわけがある。昨日来て開口一番言われた。

「結婚しました」

「おお、やった」

彼はおちついた風格のいい男で、私は数年前、当店の記事に「主人は独身がもったいない好漢」と書き、ひそかに嫁募集をはかったつもりだが余計なお世話だった。二年前、東京からダイビングに来た女性二人が来店、あいにく満席で断ると「どうしても来たい」と言われ、席が空いて携帯に電話をした。それからは早く、一ヵ月後には両親に挨拶。一行さん三十五、奥様三十歳。

「やったじゃん」

「へへへ」

「どうしても来たいに縁を感じた」

「へへへ」

あわてずじっと待ち大物が現れたらすかさず銛《もり》の一撃で仕留める。

「そういうこと？」

「へへへ」

ポスター〈八丈で始まる出会い『島婚』開催〉は今年九月。〈前回2組カップル現在進行中！〉。

「あれもういらないね」

「いやいや」

手を振って相手にしてくれない。

八丈島焼酎「情け嶋《なさしま》」がうまい。ラベルは八丈太鼓に菅笠《すげがさ》で踊る女性のシルエット、名は島民謡「ショメ節」による。

沖で見たときゃ鬼島とみたが
来てみりゃ八丈は情け嶋

奥様、よかったですね。

「いらっしゃい、どうも」

厨房《ちゅうぼう》から現れたのは三十数年前ここを始めたお父さんで、八丈に来る飛行機の空港搭乗口でばったり会った。東京に健康診断に来た帰りだったそうだ。

「これどうぞ」と出してくれたのは醬油・酒に一時間ほど漬けて焼いた〈キツネの腹身焼〉だ。キツネはハガツオのこと。カツオの仲間なのに身はピンク色で、マグロとだまされた（キツネに化かされた）の謂《いい》。一切れもらった刺身は関西で言う〈ヨコワ＝マグロの小さいの〉に似てとてもおいしい。年に五、六回くらいしか揚がらない貴重品で漁師は捕れると家に持ち帰り、市場には出ないそうだ。

最後の島酎

せっかくだから八丈島のすばらしき食について書こう。

島のおくらを板擂《いたず》りした〈ネリ〉は粘りの濃厚さに、たかがおくらがこれほどうまいのか。海藻カギイバラノリを煮て、魚くずなど魚と固めた〈ブド〉は黒緑色の寄せもので、貝や海老《えび》、缶詰なども使う味のある肴《さかな》。

粗く干した岩海苔を軽く焙《あぶ》りマヨネーズ醬油で食べる〈岩海苔焼〉は全国で食べたが、間違いなく太平洋黒潮が育てた味濃い八丈島産が一番。これを炊きたてご飯とまぜる〈ハンバめし〉がまた絶品で、私はいつも空港で大袋を二つ買って帰る。

八丈島を代表する魚トビウオは今は時季はずれで刺身はないが〈飛魚さつま揚げ〉の、みっしりと歯にしがみつく旨さはイワシ、アジとちがう上品さ。

〈明日葉てんぷら〉はコロモほんの少しの素揚げで一皿ぺろり。その茎の〈きんぴら〉はニンニク茎に似て臭いはない。不動の名品〈くさや〉はムロアジ派とトビウオ派に分かれ、無精な私は焼けたらむしってもらう。

「どうぞ」とまたお父さんが出した〈オナガ鯛腹身塩焼〉の歯に粘りつく厚い皮の美味よ。腹身は二本しかなくメニューにのせられないのでちょっとだけとかで有り難い。忘れてならないのが〈島寿司〉。ヅケにしておいた各種刺身を辛子と甘い酢飯で握り、これを食べずには「絶対」帰れない。

当店は素材が良いだけでなく、それを生かした調理がとても優れ、例えば口直しに何げなくとった〈島きゅうり〉は、添えた味噌に一味唐辛子を練り込んで青いきゅうりを刺激する。

カウンターと小上がり、奥に座敷の店は、離島の素朴さを演出せず、普通の居酒屋と

「梁山泊」の四美女

して清潔なところがよい。やはり東京を知っているのだろう。東京で働いていた一行さんは島に戻ると、悩まされていた花粉症がぴたりと治った。祖父にあたられる山田平右エ門は島の中学校教師を歴任後、『八丈島の戦史』『戦時下の八丈島』『消えていく島言葉』などを著されている立派な方だ。

八丈焼酎=島酎は六つの酒造所があるが、そのうちの「磯崎《いそざき》酒造」は後継者難のため廃蔵を決め、手元の南海タイムスに〈ご希望の方にお譲りします。18ℓ甕500円、当社オリジナル「黄八丈」文字入り5・4ℓ甕2000円など〉の広告が出ている。その最後の「黄八丈」はおちついた味、三年熟成「磯娘《いそむすめ》」はほくほくしたまろやかな円熟。「もうこれも飲めなくなります」と一行さんがしみじみと甕をなでる。

人気は原始的製法を守る青ヶ島《あおがしま》の「青酎《あおちゅう》」だ。その一つ「青酎伝承」はカビくさい香りがいわば焼酎のブルーチーズ。絶海の孤島の秘酒は特製くさやチーズにぴったり合う。最後はビールと明日葉搾り汁を九対一で割った〈明日葉ビール〉で口を直す。

地元常連のおだやかな雰囲気に、来島者も観光客ではなく地元に溶け込んでいる。人気はてきぱき働く四美女。私は全員と話したが（オホン！）皆さん他所《よそ》から来てすっかり島が気に入り、ここで働くようになったとか。

奥からそっと現れた女性を一行さんが紹介した。

「家内です」

おお。両手をきちんと前に合わせ一礼、にこにこした微笑は一目ですばらしい女性とわかる。私は満面の笑顔で答礼に立ちあがった。

島の三角ベース試合

ぶらり旅・八丈島の巻におまけを一つ。それは「全日本浮き球リーグ八丈島大会」だ。私はその日に先がけて来ていた。

浮き球リーグ、通称「ウ・リーグ」は作家・椎名誠さんが始めた三角ベース野球で、定置漁網を浮かせる発泡スチロールの球をボールに使い、選手は七人、うち必ず女性二人以上、五回戦で行う。キャンプの浜でやっていたのが次第に拡大し、今は全国五十余りのチームが年間優勝をめざすリーグ戦を定期開催、機関紙も発行する。その経緯は椎名さんの『海浜棒球《かいひんぼうきゅう》始末記　ウ・リーグ熱風録』（二〇〇一年・文藝春秋）に詳しく、以下長いが、あとがき最終章を引用したい（椎名さんすみません）。

〈――ウ・リーグ創設期の頃から〝出ると負け〟の苦汁を味わっていた横浜タマナシ団の古参メンバー太田和彦は泥だらけになりながらも浮き球に食らいついていくその不屈の闘魂がみんなの感動をよんだのだった。記念の楯《たて》を受け取るとき、いつも冷静沈着な太田の珍しく上気した顔つきと、その目にきらりと光るものを見たとき、ぼくもしみじみ感動した。太田たちとまったく冗談ではじめたこのおかしなあやしな三角ベースの火をやっぱり当分消してはならないな、とそのとき思った〉

その年奥会津《おくあいづ》で開かれた全日本大会でおいらはゴールデングラブ賞に輝いたのだった。しかしそれが頂点。〝出ると負け〟のわが横浜タマナシ団は監督が三人目になり万年下位に低迷している。今年の八丈島大会は八チームが参加した。

会場の南原《なんばら》スポーツ公園は海辺高台の檳榔樹《びんろうじゅ》に囲まれた芝生で、すぐ前には見事な円《えん》錐《すい》の八丈小島が海中から顔を出すというすばらしい場所だ。町長の挨拶あっていよいよ試合開始。非公式戦とはいえ三戦勝ち抜くと、秋に長崎で開かれる全日本大会の参加権獲得という、わが公式戦低迷チームには絶好の逆転チャンスなのだ。

山本監督率いるわがチームは、神保町《じんぼうちょう》の喫茶店「カラコルム」の女性、そこの客の旭化成《あさひかせい》のおエライさん、「盛寿司《さかり》」のすし職人、元雑誌編集長で〝加齢臭の本〟で当てたというナラちゃん、上田さん夫婦、編集会社の女性と、元バイト学生男子。異色は警察向け雑誌「BAN」の女性編集者ソダさんで、監督はチーム強化のため「団員求む」の広告を出せと迫ったのでいずれ屈強なのが来るだろう。

試合が始まった。初回の対戦相手は「関西リーグ第一連合」。劣勢一対二で迎えた四回、監督は円陣を組み、互いの手を中央に重ね「タマタマ……ナシ！」の恒例の気合いを入れ、その功あってか三点追加で四対二の逆転勝利。二回戦は「首都圏第四連合」相手に十対三の快勝で波にのる。

さあいよいよ決勝戦、これに勝てば長崎の全日本大会出場権が手中になる。ここまで勝てるとは正直思っていなかったらしい監督は興奮し「横浜の興廃この一戦にあり！」と檄《げき》を飛ばす、相手は地元の強豪「八丈アブキ団」だ。

親善試合ならともかく、かつてのゴールデングラブ賞もロートルの出番はない。しかし役割はある。試合を有利に導くコーチ役だ。おいらは八丈チームの投手で、新宿で居酒屋を営むナカモトを手招きして肩を抱いた。「いつかオレが書いた居酒屋紹介記事で客が増えたと喜んでたな」「…………」「恩を返すことは大切だ、わかってるな」

「…………」

一回表に横浜二点、その裏に八丈も二点入れるシーソーゲーム。五対六にリードされて迎えた最終回最後の攻撃。監督は再び円陣を組み一瞬考えて、いつもの気合いを「タマナシ……アリ！」に変えた。「ナカモト、わかってるな！」おいらの怒号がとぶ。

しかし！　嗚呼《ああ》、無念の惜敗で長崎出場は夢と消えた。

終われば両チーム整列。審判の「六対五で八丈アブキ団の勝ち、いい試合でした」に

試合会場、雲をかぶるのは八丈小島

一同一礼して握手。おいらはどこまでも逃げ走るナカモトに最後は石を投げた。

藍ケ江の踊り

島の最南端、八丈八景にも選ばれた藍ケ江は、高台が小さな湾を囲む天然の良港だ。海は名の通り深い藍色で、夕陽に赤く染まった山と美しい対比を見せる。

試合を終え、温泉入浴で髪を濡《ぬ》らした女子選手などおよそ百人が三々五々集まってきた。打ち上げ会場はここ、支度の中心、地元でダイビングサービス「波太郎」をやっている山下和秀さん＝通称カズさんは銛一本で海深くどこまでも潜ってゆく名人漁師にして無類のいい男。椎名誠監督の映画『うみ・そら・さんごのいいつたえ』で名女優・余《よ》貴美子《きみこ》さんを相手に堂々の存在感をみせた。町長に「この人がカズさん、居酒屋の本を書いてる人」とカズさんがカズさんを紹介する。

オナガ鯛とアカ鯖の巨大姿造り刺身に飛ぶように箸が伸び、トコブシ焼、焼きそば、おにぎり、アラ汁で腹ができると、島焼酎とくさやを手に堤防に座り込む。簡単な表彰式で、二位のわがチームの賞品にカツオが送られてくると知り、我々はその日チームメイトの店、盛寿司に集まることにした。

暗くなったかがり火に、若女三人・老女二人の八丈アロハダンサーズの踊りが始まった。若美人の「さあ皆も踊りましょう」の呼びかけにノリのよい大阪組が飛び出し「ダンサーに近づき過ぎないでください」と注意される。

おいらも踊った、みんなが踊った。若美人の「最高の笑顔で」の声に女性も硬い顔のオッサンも腰をくねりながらつくる最高の笑顔がいい。こうしてわが八丈島の旅は大団円を迎えたのだった。

酒田

2013年9月

「久村の酒場」に灯がともる

ワンタンメンの皮は濡れた

酒田《さかた》に着いてすぐさま「そば川柳《せんりゅう》」に直行した。注文は「ワンタンメン大盛」。前回来たときあまりのうまさに大盛にしなかったのをはげしく後悔した。ここへ一日に二度来た作家・椎名誠さんの記事が貼ってある。〈その日2杯目のワンタンメン大盛を食べた。もう身も心も酒田のワンタンメンにやられてしまった気分である〉。

「お待ち」。届いた大盛はうっすら茶色のスープに焼豚・メンマ・葱《ねぎ》・麺で、ワンタンが見えないのに焦り、箸で探ると下にたっぷり沈んでいた。やれうれしや、安心してまずスープから。

ツー……。

この味この味、煮干の利いたこの味。そして箸を割り細縮れ麺を一口すすり、いよいよ箸でワンタンを持ち上げた。ぐっしょり濡《ぬ》れたワンタンはハンカチのように大きいが、透明な皮は少しも破れず、箸にずしりと重い。

ちゅるちゅるちゅる……。

濡れ下がる広大な皮に透ける肉はほんの少し。ワンタン＝雲呑は皮（雲）を呑《の》むもの。なめらかな喉ごしはスケスケ天の羽衣のようにエロチックだ。大盛といっても麺が多いだけじゃ許さんよ、ワンタンも多くないといけんよと構えていたが、丼底からワンタンが「まだあるわよ、まだあるわよ」とばかりに出てきて無我夢中。細麺は時間がたつとのびるがワンタン皮はのびないのは偉い。

「アー」。顎を上げ一声もらして置いた丼はみごとに空。まんぞく、もう東京に帰ろうかな。

当店は日本そばも、山形名物冷やしラーメンなど中華麺いろいろも沢山あり、いずれそちらも試してみたいがその日は来るだろうか。昼時の店は満員でやはりワンタンメンは注文が多い。「酒田のラーメンを考える会」のチラシは十八店の丼写真がのり、煮干・昆布《こんぶ》など魚介系の出汁《だし》と自家製麺率八割がこだわりだ。

酒田のこのあたり柳小路《やなぎこうじ》は、宝暦《ほうれき》十（一七六〇）年、防火のため道幅を十間《けん》（約十八メートル）に広げ、川から引いた水堰《みずせき》を中央に設けて柳を植え、名がついた。その後砂地で堰は崩れたが、明治二十七（一八九四）年の酒田地震の大火は道幅で食い止めた。その後堰の跡地には雑貨・魚・古着・飲食などの店が並び、洋食「美人餅屋《びじんもちや》」は看板娘二人が評判、五月の祭（現在の酒田まつり）には見世物小屋もできた。戦後は昭和五十一（一九七六）年の酒田大火まで闇市マーケット街が続き、広い道幅は道路というよりは広場として、酒田の庶民の盛り場として賑《にぎ》わったと壁記事にある。

豊かな海産物、農産物で知られる山形庄内《しょうない》は、鶴岡《つるおか》は名藩主酒井《さかい》家の武士の町、酒田は北前船《きたまえぶね》で栄えた豪商本間《ほんま》家の商人の町。私は酒田に二、三度短い滞在をして魅力を感じ、いつかゆっくり来ようと思っていた。

瑠璃色の海

その魅力の第一が（まいどすみませんが）居酒屋だ。夕方「久村《くむら》の酒場《さかば》」の暖簾《のれん》をくぐった。

北国らしい二重戸の先は土間。母屋の「久村酒店」は創業慶応三（一八六七）年の老舗《しにせ》で、昭和三十六年から同じ屋敷の土間で一杯飲ませるようになった。土間に置いた幅二十センチほどの細いコの字カウンターの天板は透明ガラスで、下の肴《さかな》小鉢が透けて見え、置き場所のない所で料理を見せる工夫がうまい。壁を背にした丸椅子の足もとには蚊やり豚。座り慣れた席に腰をおろし、さあ酒だ。

見えているものを選ぶのは楽。「あの長皿は何?」「さんま蒲焼《かばや》き、温めても冷たくても」「隣は?」「きのこおろし」「その隣」「芋煮」「豚?」「そう」

山形名物芋煮は庄内は豚肉、山形は牛肉。庄内と山形は食も言葉も文化もちがう。カウンターと台所を往《ゆ》き来する、前掛けにめがねの久村とし江さんは率直で愛想よく人気だ。〈きのこおろし〉をもらい、壁の品書きビラを読んだ。〈評判の味/自家製〆鯖《しめさば》〉〈ひんやり/キムチ豆腐〉〈旬のいか〜/いか刺身(やりいか・甲《こう》いか・すみいか)〉〈生ビールにピッタリ/おいしいピザ〉〈なつかしい酒田の漬物/うどがわらきゅうり(辛子・ビール漬)〉〈今晩の〆に/沖ぎすのすり身汁〉……デジカメ写真にひとことと添えたビラはまことに魅力的だ。

さらに酒。

・「清泉川《きよいずみがわ》」特別純米生原酒/華やかな味わいを楽しめる逸品
・限定「上喜元《じょうきげん》」幻の酒米白玉を使用した純米吟醸
・限定「羽前白梅《うぜんしらうめ》」秋あがり「俵雪《たわらゆき》」ひと夏を越した味わいを楽しんでください
・限定純米大吟醸「三十六人衆《さんじゅうろくにんしゅう》」ひやおろし/待ちに待った酒が来ました　是非一杯どうぞ

……さすがは百四十六年続く酒屋、巧みな解説はどれも飲んでみたい。ビラの達筆はすべてお姑《しゆうとめ》様である当主の筆。代々婿取りの「居娘」でこの家から出たことがなく御《おん》歳《とし》九十二。旧家の酒屋のお嬢様として別格の尊敬を集めている方だ。北海道と関西をつなぐ北前船の一大寄港地として栄えた酒田は夜の花柳界《かりゆう》も華やかに賑わい、酒屋はその要だった。

さておいらは、

・「東北泉《とうほくいずみ》」雄町《おまち》純米吟醸「瑠璃色の海《るりいろうみ》」上等な酒です。旨《うま》みもありスッキリとしたキレのよい味わい

好きな日本酒ベスト3に必ず入れる銘酒だがめったに拝めず、これを存分に飲めるとは有り難い。肴は〈常連さんおすゝめ／揚げげそセット〉。

万全の態勢が整った。

キャバレー白ばらの夜

庄内空港から酒田に入り、すぐさまワンタンメンを食べ、ホテルで一眠りして、今は居酒屋「久村の酒場」だ。どこに出かけてもまず飲食から土地になじむのがおいらの旅。どうもすみません。

東京では滅多に見ない銘酒「瑠璃色の海」は清雅な色気をたたえ、思う存分これを味わえるとは有り難い。肴〈揚げげそセット〉は今豆腐を揚げた厚揚に刻み葱がかかり、これも揚げたてイカゲソとエンペラがついてお徳用。〈自家製餃子《ぎょうざ》〉は野菜たっぷりでボリュームがある。

座る小さなコの字カウンターは久村酒店の土間。創業慶応三年の老舗酒店は広大な屋敷で、ここから見える廊下の下は鯉《こい》の泳ぐ池だ。その廊下にいつしか客が座って飲むようになり、それではと幅を広げ、さらに畳も敷いて小机を置いた。その通称「松の廊下」にどんどん客が上がる。今来た中年婦人組は「何人ですか」と聞かれ「よったり

(四人)です」と古風な返事がいい。奥は座敷で宴会ができる。入り口角はこちら、とば口土間のカウンターは一人か二人客、皆顔なじみらしい。先生は、昭和「久村に通って五十年」八十歳のご常連須藤先生の席で今日もお見えだ。先生は、昭和五十一年の酒田大火で全焼した教え子の家に自分のボーナスを渡すような立派な方で酒田名誉市民。郷土紙「荘内日報」に歴史の連載をされている。

隣の若い人は、休蔵している清酒「奥羽自慢《おううじまん》」が三年以上休むと酒造免許取り消しになるため、古い蔵をつぶしてはいけないと楯《たて》の川《かわ》酒造が派遣した蔵人で「24BY(平成24年醸造)をようやく終え、ほっとした」と話している。相手は酒田に赴任して来ているという新聞記者氏。かなり昔、前任地藤枝《ふじえだ》の居酒屋で私に会ったことがあるそうで、そういえばそんなことがあった。

音をしぼった小型テレビの地方ニュースは、酒田市議 某《なにがし》が、自身が事務局長を務めるNPO法人「酒田ロケーションボックス」の運営資金百九十六万円を私的流用した問題で、私の隣の人が「あれは高校の同級生」と苦笑。その議員氏はテレビのドラマ「みちのく麺食い佐渡《さど》酒田殺人ナントカ」に汚職役人役で地元出演して好演だったとかで、身をもって役を実行したとさらに苦笑い。一時間も座っているといろんなことが聞こえておもしろい。

愛の讃歌

今回の酒田はひとつ目的を持って来た。バンド「上々颱風《シャンシャンタイフーン》」の歌手・白崎映美《しらさきえみ》さんが故郷酒田のキャバレー「白ばら」の中を初めて見て豪華さに感動、ぜひここで歌いたいという新聞記事を読み、入ってみたいと思ったのだ。ということを向かいの新聞記者氏に話すとひとひざ乗り出した。

「今から行きませんか、一人より入りやすいでしょう」

おおそれはありがたい。善は急げ。一緒に飲んでいた彼の奥さんもご一緒に歩いてそこへ。

暗い通りの路上に明かりがもれる「白ばら」玄関に「これ、ぼくが書いたんですよ」という新聞記事「りぽーと山形」のコピーが貼ってある。見出し〈キャバレーの灯《ひ》守る東北・北海道で唯一　酒田「白ばら」　根強いファンが後押し〉から続く本文冒頭を引用させていただく。

〈白ばらは1958（昭和33）年創業。69年に3階建てに建て替えた。ボックスが27あり、客は110人が入れる。往時はホステス90人が在籍した。グラス片手に、ステージのショーを見ながら、女性との会話を楽しみ、ダンスも踊れる「大人の社交場」。ネオンに彩られたステージでは、バンド演奏にあわせて歌手やダンサーが出演。月に1回の特別ショーには、水原弘《みずはらひろし》、中尾《なかお》ミエ、小松《こまつ》みどり、渚《なぎさ》ゆう子《こ》、吉幾三《よしいくぞう》ら有名歌手も訪れた。……横綱千代《ちよ》の富士《ふじ》も客で来て豪快にグラスをあおったという――〉

迎えたマスターに案内され赤いビロードのボックス席に座り、目の前のステージに目を見張った。水色の扇状電飾を背に赤いネオンが二重に放射状に光り輝く、外界とは一線を画した別世界だ。しかし今はショーはないカラオケ用空舞台で、広い客席もがら空きだ。でも！「いらっしゃいませ～」ロングドレスもあでやかな女性四人がやって来て、マスターの運んだ焼酎セットでとりあえず「カンパーイ」チン。

ホステスのフジコさんによるとかつて田端義夫《たばたよしお》、ロス・インディオス、カルーセル麻紀《まき》のショーもあり、木の実《きみ》ナナが美脚を組んだスリットからのぞいた太腿《ふともも》のバラの刺青《いれずみ》がセクシーだった。吉幾三、牧村三枝子《まきむらみえこ》は売れる前から出ていて激励したこともあったとか。

やがて隣に座る専属歌手ファニーさんがステージに立つとスポットライトが当たり、歌うカーペンターズの曲「マスカレード」に赤いネオンが明滅する。エプロンステージに進み出た二曲目「愛の讃歌」はミラーボールが回りさらに華やかだ。

魅惑の「白ばら」ステージ

記者氏の話すには、酒田黒森《くろもり》で続く伝統芸能「黒森歌舞伎」の役者や裏方は二月十五日の初日野外公演の後は必ずこの店で飲み、歌う。準備に一年かけた初演の緊張や興奮は少し飲んだくらいではほぐれず、ここで飲んで大騒ぎして次の舞台にそなえるのが通例なのだそうだ。歌手・白崎映美さんはさる八月二十五日ここでショーを開く夢をはたし、客席は大入り満員。見せてもらったステージの携帯写真はオーラが出ていた。

やがて空いたステージに記者と奥さんが上がり、いつもの歌らしいカラオケを熱唱し始めた。

おしんを育てた風土

酒田に来て早々、キャバレー「白ばら」、そのあとバー二軒と遊んでしまった。おかげで（コラ）よく眠り、ホテル上階の朝食バイキング会場から庄内の眺めが明るく広がる。刈り入れを終えた田は切り株がまだ黄色く、遠い山並みは青く霞《かす》む。川向こうの緑小高い日和山《ひよりやま》公園は、がんばれば歩いて行けそうだ。

ロビーからいろんなチラシを持ってきた。〈商人たちの湊町《みなとまち》／酒田市立資料館〉〈画家たちの自画像展／酒田市美術館〉〈かわいい楽しい鼻煙壺《びえんこ》の魅力／本間美術館〉〈古寺巡礼――とっておきセレクション／土門拳《どもんけん》記念館〉。最近できた〈竹久夢二《たけひさゆめじ》美術館〉、映画版『おしん』を撮影した〈庄内映画村〉もある。さてどこへ。

最上川《もがみがわ》に沿う新井田川《にいだがわ》のすぐ下流は酒田港で、海洋センター、魚市場、一般開放のみなと市場、さかた海鮮市場などがある。橋を越えた酒田東高校はグラウンドに体操着の生徒がいっぱいだ。

――秋だなあ。空高くとんぼが舞う。てくてく進むと、白壁黒腰板の長い屋敷塀に緑の老松が梢《こずえ》高い「本間家旧本邸」になった。

本間家は元禄《げんろく》二（一六八九）年の「新潟屋」に始まる。三代・本間光丘《みつおか》は北前船の交易、農業土地改良、水利、風害軽減防砂林などを実施。また庄内藩財政の相談にあずかるなど地域振興に尽くした。農地三千町歩《ちょうぶ》、小作人三千、利益の四分の三は地域のために使い、戦前までは日本最大の地主として酒田市の税金の半分を納め「本間様には及びもせぬが　せめてなりたや殿様に」とうたわれた。

本間家旧本邸は明和《めいわ》五（一七六八）年、光丘が藩主酒井家に、幕府の巡見使宿舎として建造献上した旗本二千石の格式を持つ武家屋敷で、巡見使が二泊三日の滞在を終えると本間家拝領となり、以後昭和二十年まで本邸に使われた。

立派な玄関の左側がふだんは使わない武家屋敷で、天井は十一尺（約三・三メートル）と高いが、刀を振り回せぬよう鴨居《かもい》・長押《なげし》は低い。密談防止に障子を入れない欄間は精巧な木組みが意匠をこらす。細桟筬《おさ》欄間の隅は蕨手《わらびで》、長押の杵形《きねがた》桟は中央が厚く左右の薄い耐震工夫。御用座敷は黄楊櫛形《つげぐしがた》の欄間。上座敷の火除けを念じた逆卍《まんじ》桟障子の書院造り花頭窓《かとうまど》の地板は水渦紋が散る「玉杢《たまもく》」という銘木で、後ろは武者隠しだ。欅《けやき》、檜《ひのき》、総漆の柱、部屋ごとに変えた釘隠しはまことに武家の格式と気品を表している。

立派な外塀の本間家旧本邸

奥の商家住居は材が杉・松の白木になり、廊下は武家側が滑り止めの横板張り、商家側は掃除しやすい縦張りだ。女の子部屋は夢のある桃の釘隠し、男の子部屋は頭が良くなるよう胡桃《くるみ》(実が脳に似るとか)、違い棚小戸は勇壮な日露戦争日本海海戦の絵だ。

板の間台所は広く、常時住み込み三十人、通い三十人が三穴大竈《おおかまど》で食事を用意した。裏庭に転がるいくつかの円筒巨石は千石船が軽荷のとき船体を沈めるため積んだもの。さすがは本間様、スケールが違うが、当主の部屋はわずか五畳の質素な小間だった。

酒田三十六人衆

その先の「旧鐙屋《きゆうあぶみや》」は酒田一の廻船《かいせん》問屋で、井原西鶴《いはらさいかく》『日本永代蔵《にっぽんえいたいぐら》』に〈酒田の町に鐙屋といへる大問屋住けるが、昔はわずかなる人宿せしに、其《その》身才覚にて、近年次第に家栄へ、諸国の客を引請、北の国一番の米の買入れ、惣左衛門《そうざえもん》といふ名を知らざるはなし〉と書かれた。

寛文《かんぶん》十二(一六七二)年、河村瑞賢《かわむらずいけん》による千石船西廻《まわ》り海運で酒田は天下の台所大坂と直結。蝦夷《えぞ》昆布、塩、海産物、衣料、鉄、陶器などの物資集散に最上川舟運の農産物も集まり一大発展した。その祖は、お家滅亡で酒田に逃れた奥州藤原秀衡《おうしゅうふじわらのひでひら》の妹が従えた三十六騎にあり、地侍として廻船、砂丘開拓などに努め「酒田三十六人衆」と呼ばれるようになった。

旧鐙屋土間の通り庭は奥に長く、左に広大な座敷がいくつも続く。上の間の床掛け軸は日本を端に中国大陸を収める海図で、明治以降になお廻船問屋の覇気を見せる。どんづまりの広い台所は、等身大人形が幾人も働き模擬料理も再現され、『日本永代蔵』の挿絵の世界がリアルだった。

大戸口に立つ、藁沓《わらぐつ》、絣《かすり》の胸にこけしを抱いた「おしん」の木像が愛らしい。世界に大ヒットした「おしん」は映画化され公開中だ。

川沿いに三角屋根が十二棟続く山居《さんきょ》倉庫は、明治二十六年に旧藩主酒井家が建てた十八万俵を備蓄する米穀倉庫で今も現役。西日と風害を防ぐ高い欅並木は酒田を代表する景観となり、おしんの撮影にも使われた。耐えて成長するおしん、地域に尽くす藩主や商家、決めた事業の先見性。しだいに庄内の気質がわかってくる。

駅に近い本間氏別邸庭園は文化《ぶんか》十（一八一三）年、本間家四代・光道《こうどう》が港で働く人々の冬期失業対策に造園、藩主・酒井忠器《ただかた》が「鶴舞園《かくぶえん》」と名付けた。北前船が運んだ佐渡の赤玉石や伊予《いよ》の青石を配し、晴れた日は鳥海山《ちょうかいさん》を望めるという。建物「清遠閣《せいえんかく》」は京風と大正ロマンがあわさった酒田の迎賓館となり、大正十四年に東宮《とうぐう》殿下（昭和天皇）の泊まられた部屋は、畳に天蓋付きベッドの写真が残る。

併設する現代建築「本間美術館」は昭和二十二年、戦後の荒廃した人心を芸術で励ます目的で造られた。今日は嗅ぎ煙草《たばこ》を入れる「鼻煙壺」なるものの世界的個人コレクションを展示。遊び心と精緻を極めた極小瓶の数々の背景に、本間美術館収蔵品で明《みん》時代後期という雄大な水墨画、戴文進《たいぶんしん》「李白観瀑図《りはくかんばくず》」、銭貢《せんこう》「山水人物図」などの軸を下げた、極小と雄大を対比させる展示の妙に感心。しばし美の世界にあそんだ。

しゃんしゃん酒田はよい湊

酒田の町は派手な商業地区やデパートなどはなく、昔からの店が並んでおっとりした感じだ。御菓子司《おんかしつかさ》「小松屋《こまつや》」は創業天保《てんぽう》三（一八三二）年と古い。近くの漬物「梨屋《なしや》」は創業安政《あんせい》二（一八五五）年、表彰額がかかる。

一、野菜味醂《みりん》漬瓶詰
右ハ大正十年八月九日
淳宮雍仁《やすひと》親王殿下
高松宮宣仁《のぶひと》親王殿下
本所へ御成リ被為在候際御買上ノ光栄ヲ蒙ムリタルモノニ有之誠ニ御名誉ノ至ト奉存候就テハ今後業務ニ御勵精相成度此段申進候也

硬い文に栄誉がにじむ。作家・山口瞳《やまぐちひとみ》も『酔いどれ紀行』でここに寄り〈若い女主人の感じがいい〉と書いた。隅に「酒田南高校　南桜同窓会会報」を置くのは七代目主人の母校か。買った漬物「山野香《やまのかおり》」はそのままで、またお茶漬けにとても重宝した。備後屋《びんごや》畳店、佐藤伝兵エ《さとうでんべ》薬局、箒《ほうき》などを売る荒物店の白磁器墨書の表札は小野太右衛《おのたえ》門《もん》。みな名前がいい。このあたりは古い寺町だ。

北西季節風の強い酒田は大火が怖く、町をつくった酒田三十六人衆は商家の北西に十幾つもの寺を配置して町を守るようにし、船難破の危険を背負う酒田商人は信仰心篤《あつ》く、寺社への寄進を重ねた。

大火や地震の多い酒田は災害対策も先進的であった。珍しく商人自治が認められ、自治集団「三十六人衆」が月番で行事、消防、湊管理、さらに砂防林、飢饉《ききん》救難など公益に努めた。

草の生える参道先に風格大きく建つ浄福寺《じょうふくじ》山門は、本間家三代・光丘が菩提寺《ぼだいじ》にと、寛政十一（一七九九）年、京都東本願寺《ひがしほんがんじ》・宗祖廟《しゅうそびょう》を模し京の棟梁《とうりょう》を招いて総欅で建てた「四脚向唐門《よつあしむかいからもん》」だ。四脚の太柱の根元は外側四方に反って地震にそなえ、桃山風唐《から》破風《はふ》屋根に葺《ふ》いた赤瓦は背筋のように中央がかすかに吊《つ》り上がる。大屋根を支える太く大きな木組みは独自の木割《きわり》法により、三方に反って伸びる長い腕木（と言うのか）が生き生きと躍動。両肢《りょうあし》をそろえた獅子《しし》、牙の間から鼻を伸ばす象の木彫は共に飛び出さんばかりで、優美と力強さは見飽きない。

寺町から町中に入った建物「山王《さんのう》くらぶ」は港都酒田を代表する料亭で国の登録有形文化財だ。十畳座敷に三畳控え小間が基本で、しつらえ意匠はすべて異なる。酒田を愛して三度訪れた竹久夢二が常宿とした部屋は炉を切った茶室で、夢二も写る宴写真の床の間にはすでに本人の絵がかかる。

障子の桟の繊細な組子は「北前船の間」は干し網、「酒田商人の間」は小舟を引く干潟風景、密室蔵座敷の「料亭文化の間」はいちだんと高い天井に洋風意匠を入れていかにも豪奢《ごうしゃ》。「文人墨客の間」は逆に清雅。

一覧表「酒田を訪れた文人墨客」は芭蕉《ばしょう》に始まり、与謝蕪村《よさぶそん》、高山彦九郎《たかやまひこくろう》、吉田松《よしだしょう》陰《いん》、正岡子規《まさおかしき》、幸田露伴《こうだろはん》、志賀直哉《しがなおや》、柳田国男《やなぎたくにお》、横山大観《よこやまたいかん》、長谷川伸《はせがわしん》、井伏鱒二《いぶせますじ》、丹羽《にわ》文雄《ふみお》、亀井勝一郎《かめいかついちろう》、吉田健一《よしだけんいち》、久保田万太郎《くぼたまんたろう》、小林秀雄《こばやしひでお》、円地文子《えんちふみこ》、岡本太郎などなどとても書ききれない。

江戸と上方が融合した豊かな繁栄に多くの文人が芸術文化の華を添えた。私はますます酒田に惹《ひ》かれてゆく。

小春さん

今日は時間指定の予定を入れた。それは料亭「相馬樓《そうまろう》」の午後二時からの「舞娘《まいこ》演舞観賞」だ。

日枝《ひえ》神社に向かう酒田のメインストリート「舞娘坂」に朱壁が長い相馬樓は、江戸時代からの料亭で、明治二十七年の酒田地震で焼失したが再建。国の登録文化財になっている。茅葺《かやぶ》き門をくぐった石畳は粋な扇紙形、玄関正面の大鏡は松竹梅・扇・鼓の金箔《きんぱく》レリーフが燦然《さんぜん》とぼんぼりの明かりを映して、まことに華やかだ。

そこに振り袖もあでやかに若い舞娘さんが立っていた。白塗り化粧、花びらのような朱唇、丸顔にややたれ目はまことに愛らしく、脇の売店を見るふりでちらちら見ていたが思いきって声をかけた。

「きれいですねえ」

「ありがとうございます」

お名前は小春さん。庄内の高校生のとき相馬樓に来て、酒田舞娘のお姐《ねえ》さんに憧れた。たちまち三年が過ぎ、一番難しいのは踊り。「毎日おぼえる事ばかり」と口元を隠して

酒田舞娘にはさまれてごきげんの人

笑う顔は、芸事のたしなみと幼さもまだみえ初々しい。

廊下に並ぶこれも扇紙形の座布団に座り、青々と苔《こけ》むす庭を眺めアイスコーヒーをいただく。やがて演舞開始を案内された。

二階の大広間は薄赤い紅花染めの正方形の半畳畳を市松に敷きつめ、座布団が並ぶ。正面床の間の軸絵、黒塗り柱、濃い朱壁に見覚えがあり、JRのポスターで吉永小百合《よしながさゆり》さんが舞娘さんと並んで手舞いを教わっている写真だった。

三味線囃《はや》し方のいけや姐さんが座り、続いて小春さんとゆづ葉さんが並んで挨拶。まず手拭い姉《あね》さんかぶりに赤たすき、前掛けで「庄内おばこ」を踊る。途中ほんの軽い地震を感じたが少しもあわてないのはさすがで、見入る客も動揺させない。次いで手拭い、たすきをはずし、団扇《うちわ》を手にした「菖蒲浴衣《あやめゆかた》」。

青すだれ　川風肌にしみじみと
汗にぬれたる晴れ浴衣

——最後は「酒田甚句」。

日和山　沖に飛島　朝日に白帆
……しゃんしゃん酒田はよい湊
繁盛じゃおまへんか

一人しゃがんで一人立ち、対に向きあい押して引き、両手を揃《そろ》えて交互に流し、踊る姿は動く浮世絵、うつくしいこと限りなし。

終えて盛大な拍手。記念撮影タイムになり、図々《ずうずう》しくも両舞娘にはさまれて目尻をさげたのでした。

仏像と美女にこころ奪われ

「土門拳記念館」は酒田市内を離れた飯森山《いいもりやま》公園の緑の中にある。明治四十二（一九〇九）年、酒田に生まれた土門拳は日本写真界の巨匠として戦前、戦後に作品を発表、名誉市民第一号となり世界初の写真美術館が建てられた。今開かれているのは「開館30周年記念展　古寺巡礼――とっておきセレクション」。『古寺巡礼』は、社会的リアリズムの『筑豊《ちくほう》のこどもたち』や『ヒロシマ』と対置する美術系譜の代表作だ。

一点一点を見てゆき、しだいに仏像の発する「生命力」に圧倒された。単なる彫刻から引き出された生命は、生身の人間にはない聖性をもつ。

写真はシャッターを押せば誰でも写ると思ったら大間違いで、角度、光、陰、背景で、写し取りたいものを形作ってゆく作業だ。私はデザイナー時代に多くの写真家と仕事して、写真家ほど力の差のあるものはないと知った。

仏像の高潔な白黒写真はもちろん良いが、大きくプリントされたカラー写真にさらに圧倒された。例えば、ふつう仏頭を真正面から間近に見ることはできなく、薄暗い寺院では細部はわからない。それを無駄のない構図、慎重なライティングによる彫りの深浅の視覚化、肌の表情、眼《め》の力、着彩の痕などを大型カメラのリアリズムで写し取り、大伸ばしで見る。細部まで赤裸々にしたら単なる荒れた木肌だった、のではなくその真逆、聖性が現れた。土門の写真によってこれらの彫刻は世に初めて底力をみせたのではないだろうか。

東寺《とうじ》「金剛法菩薩坐像《こんごうほうぼさつざぞう》」から感じる「慈悲」は本物を見てもそう感じ取れるかはわからない。「帝釈天半跏像《たいしゃくてんはんかぞう》」は全身を写しているのに強い眼光が支配する。「月光《がっこう》菩薩立《りゅう》像《ぞう》頭部」は仏師の祈りが現れたようだ。年月を経た着彩の剝げムラは印象派の筆のタッチのように絵画的だ。

ゆったりおちついた展示室は、平坦な広がりではない微妙な床の高低が、鑑賞しながらの歩行に快適な変化をもたせる。

放心と誘惑

別室は「出会いの結実『女優と文化財』より」。前説がある。

〈この企画は昭和39年から40年まで毎月2年間、月刊誌『婦人公論』の表紙に掲載された写真である。昭和39年は東京オリンピックの年で、当時の編集長・三枝佐和子氏の外国人に日本の文化財を紹介したいという願望が込められ、しかも映画全盛時代の一流女優を国宝文化財のあるロケ地で撮影し、古典と現代の融合を試みるという発案であった。不可能に近い企画である。土門拳は即座に断った。しかし担当編集者・池田洋一氏の10日間におよぶ自宅日参に口説き落とされ〝女優を泣かせるけどいいか〟の条件でスタートした。勿論《もちろん》、文化財の選定は土門拳である――〉

岡田茉莉子《おかだまりこ》と広隆寺《こうりゆうじ》弥勒《みろく》菩薩の組み合わせの驚くべきは、新国宝第一号の神品至近に女優が頬すり寄せるがごとき構図だ。撮影現場の写真は女優以外は国宝に近寄れないのか、何本もの長い竿《さお》で光を当て、カメラ前に土門が鬼の如《ごと》き形相でどっかと座る。添えた土門の短文がいい。

〈岡田茉莉子さんは、天下に名だたる美女ながら、飛鳥《あすか》の哲学的な仏像の前ではいささ

端正な姿を水に映す土門拳記念館

か気圧《けお》されているように見受けられた〉

その通り。菩薩に魂を奪われた放心が表情に現れている。

有馬稲子《ありまいねこ》は東寺帝釈天との組み合わせ。有馬は黒光りする帝釈天の背後至近ににこやかに寄り添い、黒革手袋の手をそっと肩に触れ、お顔を見つめる。

〈日本の仏像の中で第一の美男子であるこの帝釈天に、だれか天下の美女を配してみたいというのがぼくの夢だった。有馬稲子さんが中林洋子さんデザインになる豪華なミンクのワンピースをまとって、ゆらりと立ち現れたのである。瞬間、薄暗い東寺講堂がパッと明るくなった感じがした。思いなしか、帝釈天のむっつりした表情も照れかくしのように見えた〉

聖像に現れたかすかな男の性、美女の力恐るべし。

苔むした古木の間の、面も摩耗した嵯峨野《さがの》石仏の間に立つ白服の新珠三千代《あらたまみちよ》はよみがえった石仏の精。緑鮮やかな浜美枝《はまみえ》の服と茶色の肌荒い信楽大壺《しがらきおおつぼ》の対比は壺から生まれたしなやかな観音。

若尾文子《わかおあやこ》と千手観音、司葉子《つかさようこ》と九州臼杵《うすき》石仏、佐久間良子《さくまよしこ》と宇治《うじ》平等院鳳凰堂《ほうおうどう》、岩《いわ》下志麻《したしま》と日光《にっこう》東照宮本殿唐門扉、三田佳子《みたよしこ》と龍安寺《りょうあんじ》石庭、吉永小百合と深大寺《じんだいじ》釈迦《しゃか》如来倚像《いぞう》……。

美女中の美女が至高の美術品に心奪われ、また一歩もひけをとらず、あるいは誘惑するかの姿。仏様には恐れ多いが、現世に生きる自分には「美女また菩薩」。国宝と対峙《たいじ》できるこれほどの美女が一時代にそろうことはもう望めない。これは永遠美と現世美が交錯した奇跡的な作品だ。図録を求めたが作成していなかった。ぜひ出版してほしい。

外はさわやかな秋空が一面に広がっていた。谷口吉生《たにぐちよしお》設計の端正な建物が水に映り、静けさと充実感をさらに感じる。この時季に酒田に来てよかった。

町に戻るとはやくも暮色濃い。昨日も来た久村の酒場はまだ空いている。

「今日はどこ行ってたの？」

「土門拳記念館」

「あそう、あ、いらっしゃい」

美女談義でもするかと思ったが客が来て、おかみはその対応だ。

ぐびり――。

限定純米大吟醸「三十六人衆」ひやおろし一杯五九〇円がうまい。さて注文は何にしようか。

広き野を流れゆけども最上川

酒田港を見下ろす小高い日和山公園は「文学の散歩道」として酒田を訪れた文人の碑が二十九基建っている。

第一は俳聖・芭蕉で、元禄二（一六八九）年、「おくのほそ道」紀行で曾良《そら》とともに酒田を訪ねて九日間滞在。〈暑き日を海に入れたり最上川〉の名句を残した。一方招かれて即興の発句会を催し、懐紙にこんな文も残した。〈あふみや玉志《ぎょくし》亭にして納涼の佳興に瓜《うり》をもてなして発句をこふて曰《いわく》　句なきものは喰事《くらうこと》あたはじと戯《たわむれ》ければ――〉。句のできない者は瓜食うべからず。後に続く芭蕉・曾良をふくむ四句はあまりぱっとしないところがおかしい。

私はかつて俳道修業に芭蕉の足跡をたどって『居酒屋おくのほそ道』なる珍書を著し、日本で一番銅像の多いのは芭蕉だろうと結論づけた。ここの等身大ブロンズ像の穏やかに遠望する眼差《まなざ》しは眼下の港を想定したのかもしれない。

歌聖・斎藤茂吉《さいとうもきち》は山形県出身。〈おほきなる流《ながれ》となればためらはず　酒田のうみにそそがむとする〉。

野口雨情は大正四年に訪れた。〈米ぢゃ庄内　港ぢゃ酒田　日和山まで　船が来る〉。正岡子規〈最上川を渡り限りなき蘆原《あしはら》の中道辿《たど》りて酒田に達す　名物は婦女の肌理《きめ》細かなる處《ところ》にありといふ　夜散歩して市街を見る　紅燈緑酒《こうとうりよくしゅ》客を招くの家数十戸檐《のき》をならぶ〉。俳人は遊んでいたようだ。〈婦女の肌理　細かなる處にあり〉とはいかなる意味か。

時雨音羽《しぐれおとは》がいい。〈酒田みなとに錨《いかり》をいれて　長い船路の宿とる船よ　町の子供にお国を問われ　国は遠いとよこ向く人よ　米を積み込む鉢巻すがた　錨重たや帆綱は渋や海のかなたに消えゆく白帆　港にゃつぎの船が来る〉。石碑は高いもの、丸いもの、荒いもの、石板をはめたものと趣向を変え、ひとつ読むとまた次へと飽きない。

おだやかな背高石は私の愛歌。〈もがみがはのぼればくだるいなふねの　いなにはあらずこのつきばかり〉「古今和歌集の読み人知らず。最上川が詠まれた最初の歌」と解説にある。離れて別格に建つ大碑は大正十四年、昭和天皇が東宮摂政宮のとき東北行啓途次に詠まれた御歌。

広き野を流れゆけども最上川海に入るまで濁らざりけり

御歌は曲がついて山形県民の歌となった。日本で天皇陛下の詞による県歌はこれだけだろう。以《もっ》て日和山文学碑の第一としよう。

途中の石台に建つ背高の石灯籠《いしどうろう》は、文化十（一八一三）年に酒田港船頭と廻船問屋の寄進で建てられた常夜灯だ。夜の海から見える小さな灯は、港を過《あやま》たず示した。

その先の小高い場所から港が一望になった。濁らざる大河最上川はここで海に入る。近くの高さ約十三メートルの白ペンキ塗り六角洋式灯台は、明治二十八（一八九五）年に河港に建てられ、ここに移築保存されたものだ。

低地の池に白帆を張った千石船が浮かぶ。原寸の二分の一というがそれでも中型クルーザーの大きさがあり、実際の大きさを想像させる。西廻海運の刷新で湊町酒田を築いた河村瑞賢銅像も立つ。伊勢生まれの瑞賢は晩年の江戸で同じく同郷の芭蕉と親交があったという。きっと酒田湊の話をしたことだろう。

郷愁をさそう旧灯台

シソ巻

夕方、控えめな玄関が気になっていた居酒屋「まる膳《ぜん》」に入った。小さな清潔な店。白割烹着《しろかっぽうぎ》が板についたお母さんは隅にお孫さんの写真を置くのがほほえましい。こういう店では手のかかったものがいい。知りあいの釣人の〈釣めばる煮魚〉はとてもおいしい。先日解禁の底引き網にいた若い〈ヤナギカレイ焼魚〉がまたいける。マコ、ソウハチ、クチボソ、ダイバ……この仕事を始めてカレイの種類の多さを知ったと言う。切身千円してもナメタカレイは庄内の正月料理に欠かせないそうだ。煮魚も焼魚もきれいにいただいた皿を戻すとにっこりしてくれる。

「奥の予約さんに作った〆鯖、端っこだけど」と切ってくれた尻尾《しっぽ》は、外は白く、肌は青く、身は赤く、若くしなやかでたいへんおいしい。〆鯖は時間に合わせないといけないので気をつかうとか。

お母さんはお勤めしていた仕事を息子さんに譲り、店を始めて六年過ぎた頃もっと料理を勉強しようと思い立ち、東京西麻布《にしあざぶ》の料亭「分《わけ》とく山《やま》」の高名な料理人・野崎洋光《のざきひろみつ》さんの弟子が川崎《かわさき》で生徒六人の料理教室をやっているのを雑誌で知り、申し込んだ。

土曜夜に店を終え夜行で川崎に行き、夜帰るのを月一回、二年続けた。次々に新しい料理を学ぶ喜びに加え、在京の若いお母さんたちと知り合えてとても刺激になった。歌舞伎座に誘ってもらったり、レストラン「サバティーニ」で庄内野菜を巧みに使うのを食べ、地元もがんばらなくちゃと思ったりした。東北から通う生徒は珍しく、郷土の塩納豆やシソ巻を持ってゆくと喜ばれてうれしかった。

出してくれた〈シソ巻〉は細切り古タクアンに辛子を塗ってシソ葉で巻いて甕《かめ》に酢漬けしておき、食べるときに軽く揚げる。「葉っぱ一枚大事にする先人の知恵」で料理としては加減がとても難しく、各家で秘伝があるそうだ。さくりと噛《か》んだシソの香りと古タクアンの歯応え、わずかな辛みがたまらなくおいしい。「こればっかりは野崎先生もできないね」と言うと、てれくさそうに笑った。

風吹く町の人情に泣く

早朝「日枝神社」に散歩に来た。〈先人ここに街を開き鎮守日吉山王大権現を祀《まつ》る。以来四百九十年風砂を除き砂嚢《さのう》を積み松林を経営して境内とす〉の解説に、強い海風を防いできた酒田の歴史が読み取れる。井上靖《いのうえやすし》の小説『氷壁』に登場し、一節が碑になっている。〈風が海から吹きつけているので　ひどく寒かった　丘陵には松が多く　松の幹の海と反対側の面にだけ雪が白くくっついている　二人は丘陵の上を斜めにつっ切って　日枝神社の境内へとはいって行った――〉。

その山門「随神門《ずいじんもん》」は天明七（一七八七）年、本間光丘が建立、明治二十七（一八九四）年の酒田地震で全潰。同三十五年に本間光輝《みつてる》が再建した。「鳴き天井」で、下で柏《かしわ》手《で》を打つと蛙《かえる》のような「ギギギギ……」という残響が聞こえる。

抜けた小高い山背道の太松の樹林に石で囲んだ石碑廟がある。解説に〈松林銘　宝暦八年（一七五八）、本間光丘が下の山王社境内を中心とし、南は最上川岸より北は高砂《たかさご》の境に至る地域に西浜砂防林の造成を自力を以って着手した。延長約一千間《けん》（約一・八キロ）東西約二百五十間（約四百五十メートル）で、海風に強いといわれる能登《のと》の黒松を取り寄せて植え付けた。（中略）枯れた木は直ちに補植するなど、艱難辛苦《かんなんしんく》の苦労も遂《つい》に実り、ここに一大松林が形成され、住民の悲願であった風砂の害を漸《よう》く克服するに至った――〉。

後年酒田を訪れた幸田露伴は『遊行雑記』に〈吹浦《ふくら》より酒田に至る六里ばかりが間はいづれも皆海風荒く砂舞ひて人の行き悩むところなりしが佐藤藤蔵　服部外右衛門　曾根原六蔵　本間宗善（註光丘）堀善蔵等の人々の松を植え林を造りしがために　今の如くなるに至れりといふ〉と書いた。

酒田を歩いて先人の経世公共事業をいくつも知り、その恩を忘れない今の人々の心も知った。酒田はよい町だ。

日枝神社拝殿は森閑とした森の中に赤瓦が鮮やかだ。たいへん大きな左右入母屋《いりもや》の正面に、唐破風を抱かせた広大な千鳥破風が堂々と美しい。柱を巻く龍、飛び出さんばかりの唐獅子と象、屋根を支える斗栱《ときょう》を肩でかつぐユーモラスな四匹の猿など、技巧を尽くした木彫は見飽きなかった。

酒田納豆

酒田の旅も今夜限りになった。わずか数日だが、ながく居た気持ちもする。きっと心惹かれるものが多かったのだろう。久村の酒場の横通り、大きなブリキ板に切り出し文字「天麩羅《てんぷら》 万両《まんりょう》」の素朴な大看板もその一つ。持ち帰りの惣菜《そうざい》天ぷら屋で、朝顔棚越しに揚げる姿が見え、揚げたてが並ぶ。おいしそうだがここで買っても皿も箸もなく食べられない。

その隣の居酒屋「留《とめ》よし」は昔一度入った。

「こんちは」

「いらっしゃい」

憶《おぼ》えているかな。

「ちょっと前に来たよ」

「そうでしたのう」

町の小さな居酒屋で常連以外は珍しいのだろう。カウンターと小上がりだが、そちらは机も畳もなんだかいろんなものが山積みで腰をおろす場所は作らねばならない。しかしその雑然がたまらない気楽さだ。おかみさんはきれいな白い短髪、知的なお顔。浴衣に白割烹着、白足袋《しろたび》がきりりと決まる。お通しの〈ミズと油揚の煮物〉がおいしい。

「ミズも今月いっぱいですのう」

庄内言葉がのどかだ。食器棚の貼り紙がいい。

〈おめさんがだ　ごごのいさあるもの　んーなんめさげ　食ってみっだ　ほんとでんめがんすじぃ〉

〈注文したもの十一分なてもではらねどぎわ　もっけだんども　まだ声かげてくれの〉

当店は開店昭和四十五年、この場所で二十年。あぶらげ焼・気まじめ冷奴《ひややつこ》・めざし焼・元祖くじらじゃが・いものこ汁……。家庭料理ばかりが心休まる。そこへ娘さんがザルで天ぷらを運んできた。

「おお、お隣ですか？」

「あ、はい」

いつもこうして届けるそうだ。

「こ、これちょうだい」

「はい、好きなのとってけろ」

あじ・なす・かぼちゃ・いんげん・げそ・おくら。「今大根おろすけの」を待って、天つゆに浸した〈人参《にんじん》・牛蒡《ごぼう》の精進揚げ〉に涙！　これこそ夏の日に信州のおっ母が揚げてくれた家庭天ぷらだ。

万両は六十三年も続く人気店で、家族が車で来て「自分はアレ、私は」と選んで買ってゆく。海老《えび》やメゴチ、宗八《そうはち》カレイ、イカかきあげ、自慢の饅頭《まんじゆう》揚げなどいろいろある。ここから「皿貸せ」と出て行って好きなのを買い、カウンターで食べる客もいるそうだ。

「ははは、商売にならんじゃん」

「そうですがのう、ま、ビール飲んでくれるけんのう」

「これ食べなし」と出してくれた鰹節《かつおぶし》たっぷりの〈茹《ゆ》でおくら〉がおいしい。そのいっぱいもらったおくらを近所の人に分けたら、お返しに届いたという〈シソ葉をからめて揚げた鯖となす〉もねっとりとすばらしい。当店は貨幣不要、物々交換経済のようだ。

「納豆食べない？」「食べる食べる」「大粒、小粒？」「大粒」

「ならこれ」と見せた、港の船と鳥海山の赤い包装は昨日スーパーで土産《みやげ》に買おうかと思った「酒田納豆」だ。

「大根おろし入れる？」「入れる入れる」

……「五十回混ぜました」と届いた納豆に、初老男はまた泣いたことでした。

酒田納豆とおくら、小鉢もすてきだ

福井

2013年11月

福井には路面電車が走る

小雨が寒い冬の旅

小松《こまつ》空港から乗った福井市行きバスから見る外は、どんより曇って細い雨が止《や》まない。高速道は海に沿い、黒いシルエットになった松並木の間の海と空は灰色、寄せる波頭だけが白い墨絵の世界だ。

金沢《かなざわ》に用事ができたついでに福井市に行ってみることにした。いささか旅ズレした私は、全く初めての町に行くのは珍しく知識は何もない。投宿した駅前のホテルに荷物を預け、とりあえず昼飯にしよう。止みそうな雨にそのまま出たが、やはりそぼ濡《ぬ》れ、再びホテルにもどりビニール傘を借りた。

寒い。人のいない赤信号で立ち止まると体が冷えてゆくのがわかる。もらった地図をたよりに「仁平寿司《にへいすし》」という店に入り、長いカウンターに一人座った。

品書きにランチがいろいろある。〈三姉妹〉というきれいな名前のセットは、にぎり寿司四貫・ちらし寿司・おろしそばの美しい三品。福井はおろしそばが有名だ。〈海鮮お江《ごう》巻き〉はおぼろ昆布《こんぶ》で布のように巻いた色鮮やかな太巻が笹《ささ》にのる。〈そばセット九八〇円〉はにぎり盛り合わせ・おろしそば・ミニサラダ。これにしよう。ちょっと足りなさそうで〈鯖《さば》バッテラ一人前六切れ〉の半分をつけてもらった。

ふうー……。

冷えた体に熱いお茶がおいしい。ほどなく届き、まずおろしそばをさらさら、にぎり寿司とバッテラは腹に応えておいしい。なんとなく眺める品書き札は、越前塩《えちぜん》うに、かにみそ、鯖へしこ漬、とり貝酢味噌《すみそ》、三国《みくに》港せい甲蟹《こがに》……。この店で夜飲むのもいいかなあ。

食べ終えてぼんやり見ているテレビは、朝ドラ「ごちそうさん」で、料理膳をひっくり返す強烈な小姑《こじゆうと》の嫁いびりが評判のキムラ緑子《みどりこ》さんのインタビュー。私は舞台のキムラ緑子のファンだがドラマに出ているとは知らなかった。着物がよく似合い、アップされたお顔はきれいだが、ドラマ場面になると、ややたれ目がきりりと吊《つ》り上がり、さすがは女優だ。

と、見ていて、オレはいったい何しに福井へ来たんだろうなと気づいたが、いや旅先でふだん見ないテレビを見るのもいいかもしれない。寒いし、あまりうろうろせずぼやっとしてるか。

帰りは雨を避け、ガレリア元町《もとまち》アーケードを歩いた。柱ごとに郷土の偉人の肖像つき説明がある。柴田勝家《しばたかついえ》、橋本左内《はしもとさない》、新田義貞《にったよしさだ》、笠原白翁《かさはらはくおう》、朝倉義景《あさくらよしかげ》、継体《けいたい》天皇、お市《いち》の方、松平忠昌《まつだいらただまさ》、結城秀康《ゆうきひでやす》。名を知る人も知らない人もいる。

小さな店「おおの朝市」の店番はお婆《ばあ》さん一人。売り物は野菜少しと、パック詰めお惣菜《そうざい》に〈里芋煮〉がある。越前大野は里芋の名産地だ。

近くのスーパーは生活密着の品がごちゃごちゃと並び、豆腐、油揚の種類がとても多い。真っ赤な一角はこの十一月六日に解禁になった蟹で、小振りのセイコ蟹が山を成す。鮮魚コーナーはぴかぴかのカレイ、メギス、ハタハタなどに〈100円で焼魚にします〉の札が。さっきの里芋煮、ここで豆腐と焼魚を買い、ホテルの部屋でテレビ見ながら一杯もいいか。

レジで白菜半分と油揚、鶏肉《とりにく》を買って帰るおばさんがいる。鍋かな。外の小さな貼り紙は〈平均点のとれない子供に、出張家庭教師します。初回無料〉と優しそうなお兄さんお姉さんの写真が添えられる。飾り気ない町のよさ。

堂々たる厚揚

福井の夜の繁華街は片町《かたまち》と聞いた。五時に入った料理屋「間海《まがい》」は、幅二尺一枚板カウンターの半分は重ねた皿小鉢で埋まり、厨房《ちゅうぼう》も漬物や料理素材、大小鍋があふれて料理好きがわかる。大鍋にぐつぐつ煮えるのは〈ぶり大根〉だろうか。二階に予約客があるらしく、親方は包丁、女性板前は揚物と支度に懸命だ。

頃合いをみて酒を注文。お通しは小皿に丸い里芋煮が二個。おお、ここで出てきた、願ったりかなったり。その〈大野上庄《かみしょう》産　里芋煮っころがし〉はみっしりと芋の味が濃い。

山の芋＝山芋（自然薯《じねんじょ》）に対して、里の芋＝里芋は、もとは東南アジアのタロ芋で米食になるまでの日本人の主食は里芋だった。よって日本人には里芋DNAがあると里芋狂の私は知ったかぶりをたれていた。山形の大学に勤めているときは、かの地の名物・芋煮で里芋欲を満たしていた。柔らかくぬめりの強い山形芋に較《くら》べ、大野里芋は締まった重量感がある（ト、考察。なにせ一人なもんで）。

忙しそうだが声をかけてみよう。

「今、揚げているのは何ですか」

「めかぶです」

その〈三国町安島《あんとう》産めかぶ唐揚〉は濡れていてはわからないひだひだの面白い形が、

揚げた瞬間に固まって明瞭になり、パリリと香ばしくとてもおいしい。

正面二段に半紙墨書された大量の品書きを読んでゆき、おお見つけた。〈伊自良《いじら》の里（旧美山町《みやまちょう》）高橋商店　水にがり使用　冷やっこ　揚豆腐　湯豆腐　厚あげ焼〉。

厚さ三センチの大物を焙《あぶ》ってざっくり切り分けた厚あげ焼は、いま削った削り節と青《あお》葱《ねぎ》、大根おろしをたっぷり山盛りにした大丼で、酒の肴《さかな》というより堂々主食の存在感だ。断面は白い生豆腐のままの東京の厚揚と違い、しっかり気泡が入った海綿状だ。

カリリ……。

香ばしい香り、これはうまいわ。「好みでどうぞ」と言われた一味唐辛子を振るとさらに良し。スーパーで思った願いが、どんどん実現してゆく。

幸福な越前三姉妹

出張ついでにやってきた福井で入った料理屋「間海」で一杯。地酒「花垣《はながき》」のお燗《かん》は甘口で寒い冬にぴったりだ。年季の入った重い錫徳利《すずとくり》は底に当店のマーク、〆が刻印されている。

「錫徳利がいいですね」

「堺《さかい》の職人に特注したそうです」

間海は四十二年になる老舗《しにせ》で、初代の若い頃の写真が飾られ、額入りの感謝状もある。

〈あなたは昭和四十五年八月三十日　日本万国博スイス館光の樹広場に於て日本式包丁道生間《いかま》流大阪尚生会《しょうせいかい》主催の包丁まつりに参加されその技術を遺憾なく発揮され世界の人々に――〉

立派な包丁人だったのだろう。三国町からの感謝状もある。

〈あなたはナホトカ号重油流出事故以来　長期間にわたり甘酒の無料提供をしていただ

き　区民をはじめ多くのボランティアの方々に大変よろこばれました――〉

二階へ上がる階段に並ぶ額は、食の勉強に来た小学五年生からのお礼の手紙の数々だ。

〈今日はたんけんにいった私たちをとてもしんせつに迎えてくれてありがとうございました。とてもとてもおいしいごちそうでした。質問にもていねいに――〉

こちらは今包丁を握る二代目だろう。子供の手紙を額に飾る優しさがいい。

小鍋に落とし蓋でぐつぐつ茹《ゆ》でているのは注文したセイコ蟹だ。雄の越前蟹は今や一杯ン万円でとても手が出ないが、雌のセイコはスーパーでも売っていた。茹で上がって女性から声がかかった。

「こちらでほぐしましょうか」

「おねがいします」

蟹ほぐしは苦手。脚の殻には〈セイコカニ　三国町〉の黄色のタグが付く。甲羅のカニミソと赤い内子《うちこ》のコリコリは酒にぴたり。福井地酒は蟹に合うのかな。

テレビのローカルニュースが、今日は県内すべての観測地で平年より七～九度低い、今季の最低気温を記録したと伝える。十二月中旬から一月の気温で、どうりで寒いわけだ。熱燗もう一本だな。

瓶割り柴田

ぐっすり眠って目を覚まし、ああ福井にいるんだと気づいた。寝ぼけ眼《まなこ》で部屋のポットでコーヒーをいれる。外は変わらず暗く、曇っているが、ここにいても仕方がない。もらった地図を広げて見当をつけ、散歩に出た。

昨日歩いたガレリア元町アーケードの郷土の偉人パネルには柴田勝家もあった。抜けた柴田神社は、今日の福井の基礎を築いた勝家を祀《まつ》り、詳細な解説がある。

柴田勝家は織田信長《おだのぶなが》の重臣として越前四十九万石を与えられ、天正《てんしょう》三（一五七五）年、今は神社のこの場所を本丸に、九層の壮大な北ノ庄《きたのしょう》城を造り、民生・検地・商業・交通等を整備して城下町建設に努めた。

信長の妹で絶世の美女といわれたお市の方は、近江の浅井長政《あざいながまさ》と結婚して子をもうけたが、浅井家は信長と断絶して滅亡。天正十年六月、信長は暗殺され、お市の方は三人の娘（茶々《ちゃちゃ》・初《はつ》・江）を連れて勝家のもとに再び嫁ぐ。

その嫁入り間もない六カ月後の天正十一年四月、勝家は賤ケ岳《しずがたけ》の決戦で秀吉に敗れ、北ノ庄城で自刃を決意。お市の方に娘と城を出るよう諭したが、お市は娘三人を秀吉の陣に送り、北ノ庄城で夫婦静かに盃《さかずき》を交わし、辞世の歌を残して城に火を放ち自害した。享年勝家六十二歳、お市三十七歳。

夏の夜の夢路はかなき跡の名を雲井に揚げよ山ほととぎす　勝家
さらぬだにうちぬる程も夏の夜の夢路を誘うほととぎすかな　お市

三姉妹の長女・茶々は美貌の母の面影を最も残して秀吉の側室となり寵愛《ちようあい》を受け、淀《よど》殿と呼ばれるようになった。秀吉没後、子・秀頼《ひでより》の後見人として豊臣家の実権をもち、台頭する徳川家康との交渉を後見指揮したが、大坂夏の陣で敗れ自害する。享年四十九歳。

二女・お初は秀吉に引き取られた後、京極高次《きようごくたかつぐ》に嫁ぎ、死別後剃髪《ていはつ》して常高院《じようこういん》と号す。たびたび姉・淀殿を訪ね、大坂の陣には家康の命で大坂城に使者として入り、姉・淀殿と和平交渉にあたった。江戸において死去。享年六十六歳。

三女・お江は豊臣秀勝《ひでかつ》などと再婚を重ねた後、徳川二代将軍秀忠《ひでただ》の正室となり七人の子を産み、長男・家光《いえみつ》は三代将軍となった。江戸城で生涯を終え、享年五十四歳。

柴田神社まわりは勝家が築いた半石半木の「九十九橋《つくもばし》」をイメージした木の渡り廊下

越前三姉妹。左から茶々、江、初。後ろは柴田勝家

で囲まれる。炎上滅亡した北ノ庄城の大きな模型もある。〈越前北ノ庄城址《じょうし》〉の石碑揮《き》毫《ごう》は柴田勝家の末裔《まつえい》で日本画家・平山郁夫《ひらやまいくお》氏。

高々と槍《やり》を立てる勝家の銅像は「瓶《かめ》割《わ》り柴田＝籠城の水路を絶たれた勝家は瓶の水を皆に飲ませた後叩《たた》き割り、一同を奮起させ勝利に結びつけた」と言われた勇猛果敢な精気を放って座る。その後ろにお市、そして三姉妹（茶々・初・江）の等身大ブロンズ像が立っていた。井戸「お市の水」には〈幸福な越前三姉妹〉とある。

私は翻然と気づいた。昨日昼に入った「仁平寿司」のランチ〈三姉妹〉〈お江巻き〉はこれに由来するのだと。

歴史の勉強を終えてお昼。「名代そば処《どころ》　つるき支店」のおろしそばは、並五〇〇円・大盛り六一〇円・特大七一〇円。

大盛りは大根おろしの入るつゆのそば猪口《ちょこ》が二つ。その両方を削り節と青葱ののる蕎《そ》麦《ば》にぶっかけ、盛大にかき混ぜる。大根おろしはかき混ぜると辛みが増す。麺は中細平打ち。つるつるつるつる。おいしかったです。

雨に濡れた石段を上がって

初めて来た福井市の夜の繁華街は片町とわかった。男のひとり旅としては、それがわからないとどうもおちつかない。昨夜はそこで飲んだ。

片町から大通りを越えた足羽川《あすわがわ》沿いはもと花柳界で今も料亭がならぶ。静かな冬の朝、小雨にひとり、傘をさして歩いた。

さしかかった「幸橋《さいわいばし》」の高さ五メートルほどの親柱に見とれた。縦線を強調した白灰色と緑色の石の角柱を、青銅の装飾灯が菱形に取り巻くアールデコ様式は気品がある。

私は橋好きで、橋の見どころは両端のエンドポスト＝親柱だ。それを強調するように橋詰めは広くとり、なんとなくここに佇《たたず》んでほしい雰囲気がある。

橋幅は広く、真ん中を路面電車が渡る。見渡す足羽川は土手から下りた道が流れに沿う。冬枯れの蘆《あし》の間から白鷺《しらさぎ》が、つと羽を広げ悠々と飛んでゆく。

対岸の橋詰めに歌碑があった。

君がため捨つる命は惜しまねど心にかかる国の行く末

文久三《ぶんきゅう》（一八六三）年、神戸海軍塾資金調達に福井に来た坂本龍馬《さかもとりょうま》は、福井藩政治顧問・横井小楠《よこいしょうなん》と幸橋で舟を下り、川岸の由利公正《ゆりきみまさ》（三岡八郎《みつおかはちろう》）宅を訪ねた。三人は肝胆相照らし、龍馬はこの歌を声調すこぶる妙に謡曲。翌日龍馬は勝海舟《かつかいしゅう》と大久保利《おおくぼとし》通《みち》に会いに江戸へ向かい、公正は後に明治政府初代の財政担当者、五箇条の御誓文の起案者となったと説明がある。

川道を下りた静かな住宅地の「左内公園」は幕末の福井藩士・橋本左内の墓所で、長刀を手にした銅像が立つ。

左内は若きから勉学に励み、洋学に学びつつも日本精神を保つよう自戒。江戸幕府将軍の後継問題で福井藩主・松平春嶽《まつだいらしゅんがく》の命により徳川（一橋《ひとつばし》）慶喜《よしのぶ》を推すが、徳川慶《よし》福《とみ》（家茂《いえもち》）を推す大老・井伊直弼《いいなおすけ》に捕らえられ二十六歳の若さで処刑された（安政の大獄）。石碑「啓発録」は左内十五歳の心構えが示される。

一、稚心を去る
一、気を振《ふる》う

一、志を立てる
一、学に勉める
一、交友を択《えら》ぶ

墓所周りは聖域の気配をもち、福井人の尊敬の念が感じられる。

その奥に芭蕉が「おくのほそ道」紀行で、元禄二（一六八九）年八月、福井の俳人・洞哉《とうさい》の家を訪ねた一節が紹介されている。

〈市中ひそかに引入て、あやしの小家に夕貌《ゆうがお》、へちまのはえかゝりて、鶏頭《けいとう》、はゝ木《き》ゞに戸ぼそをかくす……〉

二泊の後、向かった敦賀《つるが》での句。

名月や北国日和《ほっこくびより》定《さだめ》なき

まことにその通りだ。曇天の小雨は一時は晴れて青空がのぞいたのものかは、またすぐに薄暗く大粒の雨脚降り落ち、幸橋のたもとで写真を撮ったとき置き忘れたビニール傘を取りにもどる破目になった。

子抱き地蔵

大正十三年築という端正な洋館「旧足羽揚水ポンプ場（福井市水道記念館）」の脇から細く高く上がる石段を興味半分に上り始め、途中で息が切れてしまった。ここは足羽山に直登する「百坂《ひゃくざか》」で、頂上で他方からのゆるい愛宕坂《あたござか》と合流する。

上った先に小さな石像がある。

〈江戸時代の足羽山は山頂の寺社への参詣者で賑《にぎ》わっていましたが、登山路である愛宕坂は雨が降るとぬかるみ、人々は難渋しました。城下立矢町の商人だった松岡屋吉兵衛は寄付を募り、愛宕坂と百坂を石段とするために尽力しました。石段には笏谷石《しゃくだにいし》が用いられ、文政十一年（一八二八）に完成。吉兵衛の業績を賛《たた》えるためにこの石像が造られました〉

濡れて緑色になった笏谷石は、踏み具合柔らかく足が滑らず、たいへん気持ちよく、上りきると福井の町が眼下になった。真ん中は県庁のある旧福井城本丸だ。脇の城郭模型は方形本丸の一角に天守閣、三方に隅櫓《すみやぐら》。それを二の丸、三の丸に広く囲み七つの櫓を配した壮大なものだ。

そこからの足羽神社の参道石畳は、高い梢《こずえ》からの黄色の濡れ落ち葉が美しく団栗《どんぐり》もたくさんころがる。雨上がりの鳥の声が賑やかだ。昼食なのか、盆に白布巾をかけて運ぶお婆さんが「渡り鳥を見に来たのですか」と声をかける。その後をついて石鳥居をくぐり、お婆さんは社務所に入り、私は端正な拝殿に柏手《かしわで》を打った。古《ふる》寂《さ》びた狛犬《こまいぬ》に〈寄進　銀婚記念　福井市日の出下町　朝倉寅三　昭和十二年九月〉の銘が刻まれる。夫婦二十五年の祝いにまことに結構なことだ。

一隅にいろいろな碑が建つ。「九頭竜川《くずりゅうがわ》修治碑」は明治四十五年。立派な「継体天皇御世系碑」の漢文は長大だ。巨大な石亀の上に建つのは篆字《てんじ》の「足羽宮之碑」。「紫洲《ししゅう》流吟道之碑」は裏面に〈以吟養心〉。「詩吟をもって心を養う」か。

奥の築山《つきやま》の〈六地蔵宝塔〉は元禄十四（一七〇一）年建立。六方に地蔵を彫った石柱の真ん中を刳《く》り貫《ぬ》いて木製六角車輪をはめ、回すと危難を逃れるとある。

ごろごろごろ。そして手を合わせた。その片隅の落ち葉の地面に直《じか》に座す、高さほんの十五センチほどの地蔵は、左手におくるみに包《くる》んだ赤子を抱き、右手に花。手前に五円玉がきれいに重ね並ぶ。

気付かないような地面の小さな地蔵の優しいお顔と子を抱く姿を誰かが気に入り五円（御縁）玉を置き、次々と増えていったようだ。子を持つ、子を産む母親かもしれない。

私も重ねたいが十円玉しかなく、やはりここは五円玉でなければ。そのぶん丁寧に手を合わそう。雨の神社参拝でいちばん良いものに出会った気がした。

子抱き地蔵に五円玉が供えられる

たのしみは……

足羽山公園の上に歌碑があった。〈正月ついたちの日古事記を開きて〉と前置きして、

はるにあけて先《まづ》みる書《ふみ》も天地《あめつち》のはじめの時と読《よみ》いづるかな

どこか近代的感性のにおう作者・橘《たちばな》曙覧《あけみ》はどういう人だろう。愛宕坂を下った右の「福井市橘曙覧記念文学館」に入ってみた。

一八一二年福井城下に生まれ、幕末一八六八年に没した橘曙覧は市井の歌人で国学者。名君といわれた福井藩主・松平春嶽はその人柄に感じ入り、庵「藁屋《わらや》」を訪ね分を超えて交流した。

平成六年、天皇皇后両陛下が訪米された歓迎式で当時のビル・クリントン大統領は、両国曙覧の歌〈たのしみは朝おきいでて昨日《きのふ》まで無《なか》りし花の咲ける見る時〉を引用し、

に新しい花の咲くのを見ようとしめくくった。

スピーチに日本文学を引用したいという案にアドバイスしたのは日本文学者ドナルド・キーン氏だ。英訳は〈It is a pleasure when, rising in the morning, I go outside and find a flower that has bloomed that was not there yesterday〉。

日本国籍を取得し、ここを訪れたキーン氏の写真と色紙がある。

〈感謝をこめて　百代の過客　平成二十五年十月一日　ドナルド・キーン　鬼怒鳴門〉

福井市で開かれた氏の講演会の新聞記事に「伝統的短歌は季節や自然、そして愛や失恋を詠んでいて、日常的な生活はなかった。曙覧はそれを詠み、本当に新鮮に感じた」旨が書かれる。

記念文学館は充実し、質素な住まい「藁屋」の再現や、日常生活の楽しみを歌った作に合わせた人形ジオラマもある。

解説に「当時の歌壇は優雅が本流で『本歌取り』『かけことば』など技巧に走ったが、曙覧は『万葉集』を範に意に介せず自由に詠み、江戸派、京都の桂園《けいえん》派など中央歌壇にも属さず、良寛《りようかん》らと同様、一地方人の歌人であった」とある。

〈その歌、古今新古今の陳套《ちんとう》に堕《お》ちず、真淵《まぶち》・景樹《かげき》の窠臼《かきゆう》に陥らず、万葉を学んで万葉を脱し、些事《さじ》俗事を捕へ来《きた》りて、縦横に馳駆《ちく》する処、かへって高雅蒼老《そうろう》些《いささか》の俗気を帯《おび》

ず。――正岡子規〉

〈短歌の歴史を通じ、又近く江戸時代の歌人の作物を見渡しても、彼ほど漢文学の味《あじわ》ひ、漢詩文の格調のよさを活して来た者は少ないのである。――折口信夫《おりくちしのぶ》〉

〈同じ形式の繰返しによって、実際生活の上の彼の楽しみを詠みつくしてゐる。或《ある》特殊な場合の喜びを詠んだ歌は古来少くない。しかし実際生活の上の楽しみをこれほどまでに詠んだものは例がない。彼は貧窮のうちに豊富なる楽しみを味ひえた人である。――窪田空穂《くぼたうつぼ》〉

〈同じ形式の繰返しによって〉というのはクリントンが引用した歌の、「たのしみは……」で始まり「……とき」で終わる五十二首の連作『独楽吟《どくらくぎん》』のことだ。

たのしみは紙をひろげてとる筆の思ひの外《ほか》に能《よ》くかけし時
たのしみは門《かど》売りありく魚買ひて烹《に》る鐺《なべ》の香を鼻に嗅ぐ時
たのしみはとぼしきままに人集め酒飲め物を食へといふ時
たのしみは田づらに行きしわらは等《ら》が未鍬《すきくわ》とりて帰りくる時
たのしみは機《はた》おりたてて新しきころもを縫ひて妻《め》が着する時
たのしみは人も訪《と》ひこず事もなく心を入れて書《ふみ》を見る時

小雨に濡れる橘曙覧の像

これらの歌が白短冊状の灯《あか》りに書かれて幽玄に立ち並ぶ。

福井市は創作独楽吟の全国公募を始め、今年第十八回は八八九四首の過去最多を記録した。

学童作に、

たのしみは家に帰ってげんかんに家ぞくみんなのくつがあるとき
たのしみは美容師さんの手の動き未来の自分かさねて見るとき

秀作部門に、

たのしみは毎月一度愛妻と髪を切り合い語り合うとき
たのしみは春一番のようにくる津軽訛《つがるなま》りの姪《めい》に会うとき

過去の秀作に、

たのしみは夫の守る溶鉱炉夜空染めるを窓に見るとき
たのしみは「めんどくせえ」と言いながら肩もむ息子と話するとき

これは「幸せのアンソロジー」だ。私は不勉強で知らなかった愛すべき歌人を、気まぐれに来た福井で知った。外庭の銅像は鞠《まり》を手にした三女を脇に穏やかな顔だ。とても親切だった女性学芸員の方に感想を言うと「ていねいに見てくださりありがとうございます」と逆に頭を下げていただき恐縮した。

ソースカツ丼

福井市で有名な食べ物はおろし蕎麦でも越前蟹でもなく「ヨーロッパ軒《けん》」の「ソースカツ丼」だ。B級グルメの代表のようなソースカツ丼は群馬県桐生《きりゆう》、長野県駒ケ根《こまがね》などで知られるが、福井が本家とゆずらない。

明治四十五年、ベルリンの日本人倶楽部で料理留学を終えた高畠増太郎《たかばたけますたろう》は帰国し、日本人向け洋食としてソースカツ丼を創作。東京早稲田《わせだ》にヨーロッパ軒を開業した。大正十二年の関東大震災で店を失い、翌年故郷福井に新開店。今では県内に十九店を数える福井のソウルフードとなった。卵でとじたカツ丼は福井ではずっと後のことで、カツ丼といえばソースカツ丼のことをいう。

片町の総本店の昼時は近所の会社員で混み、やっぱりみんな食べるんだ。トンカツにウスターソースをまわしただけのこれはカツ丼というよりは天丼に近く、タクアンをおかずにおいしくいただきました。

たのしみは知らない町に旅をして名物ごはんに舌鼓のとき

歴史を学んで、夜は酒

福井鉄道路面電車の走るフェニックス通りの市役所建物に、「JA花咲ふくい」として、葉つき大根が何段にも干され、朝陽《あさひ》に白さがまぶしい。

城を囲む形でさくら通りを右折してゆくと「郷土歴史博物館」があった。昨日初めて来た福井を歩き、なんとなく様子がわかった。少し歴史を勉強しよう。

玄関脇の銅像・松平春嶽は長刀を立てた羽織袴《はかま》で西洋の椅子に座るのが、時代を表している。

福井藩最後の藩主・松平春嶽は十一歳で松平家を相続。中《なか》根《ね》雪江《ゆきえ》や橋本左内、横井小楠など有能な人物を登用して藩の財政、教育、医療や福祉に尽くした。江戸の将軍継嗣《けいし》問題では徳川慶喜を推す一橋派の中心となったが、対立して徳川慶福（家茂）を推す紀《き》伊《い》派（井伊直弼ら）との政争に敗れ藩主退任蟄居《ちっきょ》となる。しかしその後幕府は慶喜を将軍後見職とし、春嶽は政事総裁職に任命され、公武合体、尊王敬幕、開国論者の立場をとる。慶応三（一八六七）年、新政府重役の議定《ぎじょう》に就任。維新成った明治三（一八七〇）年にはすべての公職を辞めて文筆に入り、二十年後に六十三歳で亡くなった。

安政五（一八五八）年、春嶽は徳川斉昭《なりあき》に宛て一夜で意見書「時勢急務策」を書き上げ、信頼する中根雪江・橋本左内に添削朱筆を入れさせた原本が生々しい。

雄渾《ゆうこん》な書軸〈我に才略無く……〉は「自分には何の才知に富んだはかりごとも奇抜な考えもない。常に周りの意見をよく聞いて、よい方向を見出すまでだ……」と謙虚な文だ。残る写真の顔はノーブルな中に真摯《しんし》聡明を感じる。春嶽という名は穏やかな温かさと揺るがぬ意志を思わせる。引退後の文人生活は交友を求めた福井の市井歌人・橘曙覧を見習った、いや憧れたのかもしれない。

大きなジオラマは、城の南を流れる足羽川に架かる九十九橋だ。柴田勝家（一五八三年没）による最初の架橋は、両橋詰めに大門を建てた全長およそ十六メートルのうち川床が見えている南半分は石橋、流れのある北半分は木橋の半石半木が珍しい。川側を木橋にしたのは流失に修理しやすい、合戦時にはずせるなどの理由のようだ。葛飾北斎《かつしかほくさい》『諸国名橋奇覧』は真ん中のつなぎ目を渡る人馬を描く。江戸期の『大日本国橋見立《はしみたて》相撲』では西の大関・岩国錦帯橋《いわくにきんたいばし》、関脇・瀬田《せた》の唐橋《からはし》。東の大関・岡崎矢矧橋《おかざきやはぎばし》、関脇・福井掛合橋《かけあいばし》（九十九橋）と番付されていた。

ビル壁をいろどる大根

イカ料理の最高峰

夕方、片町の小さな紺のれんだけの居酒屋「かっぱ」になんとなく実力を感じ、戸を開けた。長い白木カウンター、机席少し、奥に小座敷の典型にして完成された配置。上の小庇《こびさし》のれんの飄逸《ひょういつ》なカッパの絵、吊り行灯《あんどん》、絵馬、大きな魚の骨など年季の入った渋い雰囲気に「これはアタリだ」と一人ごちる。お通しの〈めかぶ〉は刻んだのを小皿の出汁《だし》醤油《じょうゆ》に浸して食べ、ねばしゃきがおいしい。福井地酒「一本義《いっぽんぎ》」の燗は重厚だ。

小黒板から選んだ〈ブリ刺身〉は走りの脂がのり始めて旨《うま》み濃く、透明な〈サヨリ〉は醤油で汚すのが痛々しいが甘み清潔だ。二本目も福井地酒「早瀬浦《はやせうら》」。客は自分一人。いいなあ、旅の酒。

小さく聴こえているのは初期のビートルズだ。「オール・マイ・ラヴィング」「ティル・ゼア・ワズ・ユー」「アンド・アイ・ラブ・ハー」「アイル・フォロー・ザ・サン」。みな曲名を言える。ジョンの声っていいな。

「なんでも言ってくださいよ」

黒々とした髪に黒いヘッドバンド、黒Tシャツ。無口だった主人がひとり酒の私に声をかけた。

「寒いね」

「勝山《かつやま》は初雪だそうですよ」

そう言ってつけたテレビは「今日は日本中に寒波、東京は木枯らし一号」と伝える。

寒い寒いと入って来た客が注文した〈にんにく串揚げ〉に「こっちも」と便乗した串二本は辛子にソースで食べ、とてもおいしい。何気なく頼んだ〈たくわん煮〉は、それほど古漬でないのを鷹《たか》の爪であっさり煮て木の芽山椒《さんしよう》をのせたもので滋味あふれる。のんびり一杯やっていたがここは料理がよさそうだ。

〈いか沖漬〉は、捕れたイカを船上で生きたまま醤油樽《だる》に漬け込んだものの筒切りとちがい、開いた身の細切りが茶色のつゆにきれいに並んで浸り、木の芽山椒がのる。調理を聞くと、細切りした活きイカをみりんと醤油に一晩浸け、昆布とかつおの出汁醤油に浸して出し、イカ腑《ふ》ワタのたれを別小皿で添えるというもの。

ひとくち。しなやかな細切りは腑ワタたれをつけなくてもかなりおいしいが、つけると眩暈《めまい》をおこしたようにクラクラとなった。活きイカの清潔な旨みの凝縮に追い打ちをかけるようにイカの精の超濃厚奥深いコクと香りが加わり、ワイルドな沖漬けとは正反対の気品は、やんごとなき人に出せる神饌《しんせん》沖漬けめくるめく恍惚《こうこつ》絶品これぞイカ料理の最高峰。ああ我が表現力不足よ！

「どうしてこういう料理法になったんですか」の問いには「なんだかいろいろやってるうちにこうなって」とてらいがない。

当店は開店三十年とか。ようし腰据えるぞとあらためて品書きを読むうちに、おちついた感じのおかみさんが悠然と登場。娘さんらしきもあらわれ店は混んできた。名を書いたキープ一升瓶を出させてでんと置く一人客もいる。こちらも、もう一本といこう。

油揚消費量日本一

江戸時代、旧福井藩主の別邸「御泉水屋敷《おせんすい》」は、最後の藩主・松平春嶽が明治十七年「養浩館《ようこうかん》」と名付けた。浩然の気を養う、か。

奥に池を配した藁葺《わらぶ》き屋根、山家《やまが》風の小さな玄関戸を入った広い土間は、〈花崗岩《かこうがん》が風化して出来た「たたきつち」に石灰・にがりを交ぜてつき固めた（新明解国語辞典）〉本物の三和土《たたき》だ。褐色と灰色がムラを成し、所々はザラつき、またひんやりと青光りした表面は高雅な焼物の地肌の如《ごと》き玄妙な美しさ。長い切石を置いただけの式台も簡素だ。

続く座敷は白木の肌を生かした数寄屋造りで、開放的な障子の光が畳に反射して明るい。御次ノ間、御座ノ間、櫛形《くしがた》ノ間、金砂子《きんすなご》ノ間と見て行き、この家は簡素に見せて、要所に洗練された趣向を尽くしているとわかってきた。柱の削りは下から上に四角を丸に変え、細い横長押《なげし》も丸みを帯びさせ、室内の雰囲気がやわらかい。規矩《きく》正しい障子の桟は細く、上部に優雅な雲形の日除けを施し、天井にだけ用いた漆は、天井板はあっさり、押さえの桟は濃い艶《つや》と分ける。

奥の「御月見ノ間」の床の間脇棚に施した螺鈿《らでん》の絵と書は七色に光り、雲窓の出書院の障子をいっぱいに開くと広大な池。当間の月見はさぞかし結構だろう。一方板戸に、白い尾長に赤い鶏冠《とさか》が鮮やかな鶏を大きく描いた「鎖ノ間」は閉めきった内省の部屋か。

離れた「御湯殿」は白木造り唐破風《からはふ》の蒸し風呂で、八畳ほどの御上り湯の床板は中央に傾斜して湯を流す。湯殿は池上に張り出した細丸竹床のベランダに続き、下には錦鯉《にしきごい》が寄る。サウナで汗を流し、池のベランダで涼む。もちろん隣には警固の控間がある。

池を巡る庭園も大仕掛けにせず、むしろ踏石や長大な自然石の橋に味を見せる。全体の印象は軽快な品格。旅先でいろんな名園名亭を見たが、ここほど明るく上品に趣味の良いところはなかった。

蘭麝酒

明日は金沢で仕事、福井も今夜でさよならとなった。何の予備知識もなく、ついでに来ただけだが、やはり土地には歴史も人物も名物もある。そのいろいろを知った。

池に張り出した亭に鯉が寄る

夕方暗くなり、昨日目をつけた、できたばかりらしい小さな居酒屋「ネコ」に入ってみた。店は猫っぽいお姉さんが二人。

「いつ開店したの？」

「十月十五日、まだほやほやです」

注文した〈竹田《たけだ》の揚焼四〇〇円〉はとてもおいしいが厚さ三センチ以上ある。

「これは厚揚だね」

「いえ油揚です」

「だって厚いじゃん」

「でも油揚です」

譲らない。福井の油揚はこれが普通らしい。この油揚は、大正十四年創業、昭和三年より永平寺《えいへいじ》に納める谷口屋《たにぐちや》の「竹田の油揚」という名品とか。あったあったと見せてくれたスマホのネット情報によると〈福井・石川県境の竹田村はかつて豊原千房《とよはらせんぼう》、古野《ふるの》千房、吉谷《よしたに》千房の三つをあわせた三千房とよばれる大きな寺があり、白山信仰の修行僧が集まる宿場村として繁栄した。雪深く、油揚は貴重なたんぱく源で、大本山永平寺では精進料理に使われた。福井は油揚消費量日本一〉。

福井に来たばかりに入ったスーパーで、油揚の種類がとても多いと思ったのには訳があったのだ。

次はバー。

「こんばんは」

「いらっしゃいませ」

やや上がった額に短髪、口ひげ、丸めがね、黒タキシードがぴたりと決まるマスターが莞爾《かんじ》とほほ笑んだ。私はこのバー「バッカス」が気に入り昨日も来た。冬一番にふうふう吹いて飲む〈ホットバタード・ラム〉がうまい。

棚には珍しいボトルもある。透明な原寸大（？）どくろ＝しゃれこうべの頭にキャップをつけたのはウオツカ「クリスタルヘッド」で通称「スカルボトル」とか。

これなんか面白いでしょうと出したのは、大きなボルトの両端をナットで締めあげた工具のような形で、手榴弾《しゅりゅうだん》を模したそうだ。見ててくださいと、御丁寧についている安全環を抜きハンドルを引くと、ポンとキャップが飛んで驚く。中はテキーラで名は「フラッシュバン」。こんなのもと出したのは、白くにょろりくねくねした胴の丸い三角頭に愛嬌《あいきょう》あるきょろ目の不思議なもの。「ポプジー」という甘いミルクリキュールで女性が顔を赤らめて喜ぶそうだ。

「ははあ……」

「そうです……」

私の目の釘付けは、裸のマッチョ男がこれも全裸の美女を両腕に抱いた強烈なラベルの瓶だ。

「これはですね」

ブラジルの「カツアバ」というリキュールで男性効果があり全世界でヒット、売れなかったのは日本だけとか。飲んでみますかと注がれた一杯は効くような気がする。

「しかし福井にはこれがあります」

と置いたのは「蘭麝酒《らんじやしゆ》」なる酒。戦国のころ越前一乗谷《いちじようだに》に百有余年の栄華を誇った朝倉氏ゆかりの軽身不老・延年神仙・明目耐老の滋養強壮酒という。その一杯は養命酒の如くして精もある。

「ふうむ……」

「アッハハハハ」

男同士の話で意気投合。後日に彼が送ってくれたのは、はたして谷口屋・竹田の油揚であった。

釧路

2013年12月

裕次郎が似合う釧路の波止場

北国で聴く裕次郎

飛行機から降りて釧路《くしろ》空港バスに座ると〈札幌《さっぽろ》↕沖縄直行便継続！　釧路からの乗換えもスムーズ　暖かい沖縄へ行こう！〉と、コバルトブルーの海を背景にした広告が出ている。釧路から沖縄は遠そうだ。

窓から見る北の空は冴《さ》えざえと晴れわたる。気温は零下とアナウンスがあった。市街まで五十分。あまり多くない乗客はみな無言。空港からすぐに原野になり雪が少し。牛の群れに特に囲いもない。阿寒川《あかんがわ》を渡った平地にぽつりと一軒家が建つ即物的風景が広がる。午後二時前に太陽は地平線近い。

下車したバス停から釧路川畔のホテルまでは二百メートルばかりだが、広い河口をさかのぼってきた強い海風ものすごく、完全冬山装備の前傾姿勢で一歩また一歩。ようやくホテルロビーに入り、しばし放心、呆然《ぼうぜん》と立ちつくした。

たちまち夜になり、厳重な防寒手袋の手で居酒屋「しらかば」の戸を開けた。この寒さ、居酒屋だ、居酒屋しかない。

「あらー、待ってたわ〜」

「来たよ〜」

白割烹着《しろかっぽうぎ》の女将《おかみ》と抱き合わんばかり。何年ぶりかの釧路に行くと伝えておいた。浅い「く」の字カウンターの奥は「L」に曲がり、その角内側におでん鍋が湯気を上げる。台所の真ん中に炉端が立ち上がり、鉄瓶を下げる真鍮《しんちゅう》の自在鉤《かぎ》は鶴が羽をひろげて宝船を支えるめでたい造りだ。丸太を縦にならべた腰板、手作りの厚い木棚、置いた船の舵輪《だりん》が漁港らしい。

一杯目は生ビールだ。外はいかに厳寒といえども北海道は冬も生ビール。日本のビールの歴史は明治の開拓使麦酒醸造所にあり、味は確実に本州よりもうまい。それは居酒屋がビールの扱いに慣れているからとも、また北海道は外は寒いぶん室内暖房が完全で、冬こそ冷たいビールがうまいのだとも言われる。

　クイ、クイ、クイー……。

たちまち大グラスは半分に。お通し〈牡蠣《かき》豆腐〉は、小碗《しょうわん》のおつゆに浸る豆腐半丁に、ぷっくりした牡蠣を二つのせ一味唐辛子ぱらり。昆布出汁《こんぶだし》のしっかりきいたおつゆの小鍋でそのつど温めた牡蠣は、刻み葱《ねぎ》がよい香りをつけて旨《うま》みが開き、最後はおつゆも飲み干す。牡蠣と昆布は釧路に山ほどある。

女将が「鮭《しゃけ》のここんとこ」と自分の鼻柱をトントンする〈氷頭《ひず》なます〉は、鮭の鼻の軟骨の薄切りで、青と白の対比美しくかすかな脂を感じて絶品。これには酒だ。「ちょうど今日届いた」と薄紙を開ける一升瓶は釧路唯一の地酒「福司《ふくつかさ》」の大吟醸山田錦《やまだにしき》一〇〇％極寒特別仕込み。

ツイー……。

うーむ、洗練されすぎない太さが味わいだ。昔は米のとれなかった北海道は日本酒の歴史は浅いが大吟醸を仕込むまでになった。

「はいどうぞ」。届いた大皿〈本日の盛り合わせ〉は、茹《ゆ》で北海しま海老《えび》／カニ身サラダ／紅鮭入りポテサラ・ブロッコリ添え／ウニ・ひじき・醬油漬《しょうゆづけ》ニンニクなどいろいろ入り卵焼き。赤白緑黄は正月お節《せち》料理のように華やかで、これでだいぶ飲めそうだ。

いずし

小さく流れるのは石原裕次郎の映画主題歌「赤いハンカチ」だ。

北国の春も逝く日
俺たちだけが
しょんぼり見てた
遠い浮雲よ……

刑事の裕次郎は誤って参考人を撃ち、辞職して北海道を流れ歩くが、誤射に裏があるのを知り横浜に戻って真相をさぐる。北海道のダム工事飯場の肉体仕事とやるせない酒。ハマ（横浜）に戻りホテルニューグランド前の並木をギターをつまびきながら行く裕次郎は大人の魅力をたたえ、中期ムードアクションの傑作となった。


「いいね、音楽」

「お客さんが、オレが来たら必ずかけろって持ってきたのよ」

裕次郎は幼いころ小樽《おたる》で育ち「おれの小樽」という曲もある。北海道で聴く裕次郎はいい。東京から釧路は遠い。このあたりは飲み屋街のはずだが、すっかり暗くなった道は人影なく、居酒屋の灯りがぽつりぽつりと夜霧に浮かぶばかりだ。そこを寒さに肩をすくめて一人歩くのは孤独な旅情があった。

「太田さん、今回は何？」

「女将さんに逢《あ》いにだよ〜」

「またまたー、うれしいこと言ってくれるじゃん」

「寒いね」

「いやあったかいよ、こんなもんじゃないよ」

気《き》っ風《ぷ》よい女将は着物に白割烹着、赤い鼻緒の下駄《げた》は素足だ。

「釧路の正月は？」

「いずし、これがないと正月にならんで」

いずし＝飯寿司は、炊いたご飯と「本チャン」という紅鮭をキャベツ・大根など野菜と一緒に四十日ほど麹《こうじ》で重ね漬けする。旭川《あさひかわ》あたりはニシンで〈ニシン漬〉、青森は〈ハタハタ飯寿司〉になる。

太田さんに食べさせたいがまだ早いと、代わりに出した〈はさみ漬〉は、いずしに余った鮭や野菜の麹漬けを輪切り大根にはさんで二週間ほど漬けたもので、見かけは大根のサンドイッチ。

「大きく口開けて、あむっとやってください」

あむっ……香る麹と鮭に寒い北海道のバイタリティーを感じる。

北酒場の夜はふけて

釧路の夜に、居酒屋「しらかば」も混んできた。

カウンター入り口近くは着ぶくれたお婆《ばあ》さん二人と娘さん。お婆さんは骨の端を紙で巻いた特大スペアリブを肴《さかな》に生ビールの飲みっぷりがいい。とつとつとした口調のお婆さんの話が聞こえる。昔初めてのデートでレストランに連れられ、彼はジュース、自分はビールを注文。届いたビールは彼の前に置かれた。彼は東京の人で洋食に慣れていたが、自分はナイフフォークが使えず恥ずかしかった。

その方と結婚。ご主人は肉好きだった。歳《とし》が離れており、いずれは老々介護を覚悟していたが、ご主人は先年入院二週間であっさり八十八歳で先立たれた。ふつう仏壇に生ものは供えないが、うちの寺は何でも好きだったものを供えてよいと聞き「ステーキ焼いて半分上げ、半分私がいただき、下げたらそれも」と笑う。

「今朝は豚肉をたれで焼いて半分上げた」「最近テレビで老人も肉がいいと言うし、百歳まで生きるかもよ」と言う女将に「それはやめる」と笑う顔のたくましさ！　ぐいぐい肉を食べ、ビールを干すお婆さんに感動した私は力をもらっている。さすが北海道。以前ここで食べた蝦夷鹿《えぞしか》肉はうまかった。ちょうど鹿肉を生産販売する会社の社長さんと専務が来ていてお話を聞いた。

野生推定六十万頭のエゾシカ（ニホンジカ）を捕獲し牧場で飼育する「養鹿《ようろく》」をやっている。国有林植樹の九割がエゾシカの食害で枯死しており捕獲は自然保護にもなる。巴《ともえ》形の囲いの奥に餌を置くと自然に入って来る単純な捕り方で、地域で時期が違うが釧路は十月〜三月いっぱい。牧場で百五十キロぐらいまで育てて肉を整え、出荷する。昔の狩猟鹿は撃ってすぐの血抜き技術がなく、肉はおいしくなかったが養鹿により向上した。十年前に始めたが地元釧路の料理屋はラーメン屋、そば屋、居酒屋しかなく（笑）、ほとんどは東京の高級フランス料理店に送った。今は学校給食のハンバーグや焼肉、カレーで使われる。

味を知ってほしいとしらかばに持ち込み定番メニューにしてもらった。女将の工夫した食べ方は塩・醤油・味噌《みそ》の〈串焼き三本セット〉。塩は、鴨《かも》に似るがやはり野生の獣肉である鹿肉の味がよくわかる。醤油は行者ニンニク漬の醤油を使いコクがある。味噌はどっしり。セットの後は好みの味で一本二本と追加する。そこにスペアリブが加わった。

「太田さん食べてみない？」

「食べる食べる」

「〇〇さんも二本目いかが？」

「いただきます」

お婆さんは健啖《けんたん》だ。骨から食いちぎる鹿肉は血がにじんでジューシー。「おいしいおいしい」の声に社長と専務はご機嫌だ。

北海道の食の歴史

いつしか昔話になった。

「昔は何もなかったなあ」

「毎日芋とかぼちゃと塩辛。米粒なんかないところに芋刻んで」

「トウキビの粉はまずかった。トウモロコシだけど粒々がない」

「でもアメリカさんのおかげで子供育ったんだよ」

「そうだなあ」

炉端の火を囲んでしんみり聞く話に北海道の苦闘の歴史がしのばれる。道人がじゃが芋に特別な気持ちを持つのは、米がない土地の食を支えたからだ。おかずはイカ塩辛のみ。今も茹でたじゃが芋にのせ愛着をもって食べる。バターは作っていたが高価で買えず、じゃがバターはご馳走《ちそう》だった。ジンギスカン料理は、戦時の軍服用に供出する綿羊の肉が余るのを食用にしたのが始まりと聞く。

二本目の酒、根室《ねむろ》「北《きた》の勝《かつ》」も大吟醸なのに力強く鹿肉に合う。「昔の酒はもっと甘かった」。きっとそうだろう。寒い地には甘口だ。

「こんばんはー」と入ってきた若い女性四人に店が華やいだ。ビールで「カンパーイ」「わー、牡蠣豆腐おいしい」「今日搾った福司の濁り、飲む？」「飲む飲む」。細長いグラスに注いでシュワシュワと上る気泡を注視。「いただきまーす」と全員が口を持ってゆく光景に皆がにこにこだ。

「鹿」をキーワードにハンター、学者、官庁、料理家、栄養士、画家、グッズ製作、マスコミ人などで自然にできた産官学連携「釧路シカ会」のメンバーで、釧路料理学校の先生という方は学生と鹿肉の味噌漬けを作った。きっとおいしいだろう。鹿は牛と同じ四つの胃袋の反芻《はんすう》系で、赤身が多い高タンパク低脂肪。鉄分豊富で貧血によく、栄養効率が高く高齢者に向くという。まさにお婆さん、いや私にもピタリ。鹿肉万歳。

今日は忘年会だが四人しか集まらずここで二次会になった。では鹿肉を食べるかと思

しんしんとしばれる釧路の夜

ったらそうではなく、巨大な〈刺身盛り合わせ〉に歓声を上げ、おいしいおいしいと争うようだ。

「生ものなんてなかなか食べられない」

「世の中で一番好きなのがツブ貝。アワビより好き」

「カニは毛ガニと花咲。その地で生まれ育ったものに勝るものなし。よそのは食べれん」

言うことが気持ちよい。北海道の女性はさっぱりと明快でいいなあ。寒い北海道は生ものを食べる習慣がなく、刺身は新しい料理で、両親は今も「刺身にできるサンマ」と持っていってもすぐ甘露煮にしてしまうとか。

北の酒場で次々に聞こえてくる話がみんないい。名酒場しらかばの女将がそうさせる。

気がつくともう三時間も座っている。

「太田さん、今日はゆっくりできていいね」

「うん、もっと居るよ、もう一杯」

「はい、うんと飲んでね」

肉好きのお婆さんがにっこり私を見た。

雪降る幣舞橋

冬の釧路にやって来て、すぐさま居酒屋に入り四時間も居た。炉端を囲む客は、寒い外に出て行くよりはここでこうして飲んでいようやと、みな長尻で互いにいろんな話をした。

長い夜に慣れているのだろうか。東京の人間のように、相手の話が終わるのを待てず、かぶせて喋《しゃべ》る人はいない。人の話をゆっくり聞いてあいづちを打ち、おもむろに自分も口を開く。主張や笑わせてやれと構えない、とつとつとした話しぶりは、それゆえに相手の耳を澄まさせた。

それも終わり、帰るときはオーバーのボタンをすべて留め襟巻も手袋もニット帽も身支度し、意を決するように「じゃ」と戸を開けると冷たい風がヒューと入ってくる。私も「滑らないように」の声を後に長く居た店を出た。

ホテルで眠り込んだ翌朝、カーテンを開けるとすでに明るく、冬といえども北海道の朝は早い。

橋好きの私が最も好きな橋の一つは釧路の幣舞橋《ぬさまいばし》だ。防寒に身を固めて橋を見に出た。

根釧原野《こんせん》を蛇行する釧路川が海に注ぐ河口に架かるこの橋は、明治二十二年の有料木橋「愛北橋《あいほくばし》」に始まり、明治三十三年に初代「幣舞橋」、昭和三年に四代目・コンクリート永久橋になり、北海道三大名橋に数えられた（他は旭川「旭橋」、札幌「豊平《とよひら》橋《ばし》」）。

その昭和三年製の橋詰めの花崗岩《かこうがん》の親柱は高さおよそ六メートル。四隅にどっしりした角柱を据え、間に三角、丸、四角をモチーフにした装飾を組み込み、黒御影石の輪を基点に立ち上げた四角柱オベリスクの先端は三角に尖《とが》り天を指す。当時のヨーロッパ・アールデコにモダニズムを加味したデザインはきわめて完成度が高い。

昭和四十八年、橋幅十八メートルを道路幅三十三メートルに合わせ架け替えると決まった。市は単なる拡幅再架橋ではなく「橋を渡り、橋を眺める市民の立場」を大切に各層に意見を求めた結果「橋はただ渡れたらそれでいいものじゃない」と（1）親柱存続など旧橋のイメージを引き継ぐ（2）ヨーロッパの都市並みに橋に彫刻を飾りたい、となった。（1）はすぐ決まったが（2）は橋に彫刻を置くのは全国に前例がなく、つまり初めてのことで「幣舞橋彫像設置市民の会」が設立され、予想される費用四千五百万

雪にかすむ幣舞橋の親柱

円は市民の募金でまかなうこととなった。

〝橋に彫刻を立てる募金〟は目標を達成。昭和五十二年「道東の四季」をテーマに「春」舟越保武《ふなこしやすたけ》、「夏」佐藤忠良《さとうちゅうりょう》、「秋」柳原義達《やなぎはらよしたつ》、「冬」本郷新《ほんごうしん》の、第一線彫刻家による裸婦像として姿を現した。

〈四代目幣舞橋は、機能性に加えて造形美重視の橋であった。五代目幣舞橋は橋そのもののデザインに、市民による彫像設置という新しい試みを加えた。市民がこだわり積み上げた知恵は、その後、都市の景観というものを考える契機となり、橋が橋のみならず、幣舞橋を軸にした周囲の景観形成にも影響を与える時代になった〉（釧路市地域史料室編『街角の百年――北大通・幣舞橋』釧路市教育委員会より）

その幣舞橋は降る雪の中に形だけがぼうっと浮かぶ。後に知ったが今冬初の大雪に橋を渡る人は少なく、対岸先はかすんで見えない。

しかし、絶え間なく牡丹《ぼたん》雪の降り続く幣舞橋の美しさよ！　積もり始めた雪に足跡をつくる人影は弱い光にシルエットとなり、欄干高い裸婦彫像は肩に雪を積んで寒そうにポーズを保つ。

三連アーチ、全長百二十四メートルの両橋詰め親柱から石段を降りると河岸舗道の波止場だ。すぐ先の海に続く埠頭《ふとう》は船をもやうビット、高い街灯が点々と続きヨーロッパの小港のような雰囲気がある。第八龍勢丸、第三千代丸、釧路繁栄丸などの停泊漁船は静かに雪を浴び、ガラス電球の連なる第十五健漁丸〈釧いか第88001号〉はイカ釣り船だ。

雪の埠頭に停《と》めた自転車から海に釣り竿《ざお》を二本たらし、ポケットに手を入れ、タオルほおかむりで肩をすくめてじっと立つ人がいる。しばらく見ていたが釣れるところを見られるわけでもなくひたすら寒い。雪の橋を見ただけで満足と、おとなしく引き返した。

タラコ発送

その足で駅前の和商《わしょう》市場に歩いた。北海道の広い空からしんしんと降る昼の雪は広い道に着実に積もり、おのずと歩む筋ができてゆくが、左右は白布のようにきれいなままだ。

市場の防寒二重玄関を開けると見わたす限り魚がいっぱいだ。冬の今はたらば蟹《がに》、花咲蟹、毛ガニ、紅鮭、筋子、イクラと赤一色で見ているだけで暖かくなる。肩の雪をぱんぱんとはたいた。一服できる休み所の、和商市場の古い写真と解説がいい。

〈戦後まもなく魚箱を積んだリヤカー部隊が額に汗し、また粉雪の舞う街角で体を震わせる我が子を毛布にくるみ懸命に働き抜いたあの頃……「いつかきっと小さいながらもお店を持ちたい。」そのがんばりがやがてひとつになり、【和して商う】「和商協同組合」がスタートしました。いくら時代が変わってもたえず大衆に愛される魅力を大切に……その思いの原点には、一台のリヤカーから汗と根性で今日を築き上げてきた人の思いが生き続けています〉

隅の喫茶店で熱いコーヒーがおいしい。せっかく冬の市場に来たのだから何か買おう。タラコの上等を買い、お歳暮がわりにいくつかの知人に送り、自分のは迷ったが宅配便代を節約して持ち帰ることにした。もらった歳末セールの福引を引くと五百円買い物券が当たり、それを元手にニシン昆布巻《こぶまき》を買った。お正月に食べよう。

啄木、海の冬月

幣舞橋の南詰めから波止場に続く脇道の二階建て煉瓦《れんが》洋館「港文館《こうぶんかん》」は、明治四十一年築、旧釧路新聞社の復元だ。前に石川啄木《いしかわたくぼく》の銅像が立つ。碑文は、

〈啄木は思うことの多い人間であった。啄木は自己の感情をいつも人間の真実の中に通わせ、そこからあの底辺のひろい文学が生れた。（中略）円い人格ではなく、角だらけの人間であった。そういう啄木を好まぬ人でも、その作品の中に見える自負と謙虚という矛盾を一つの塊として受けとることが出来るのではないだろうか。詩人石川啄木は明治四十一年一月二十一日雪の釧路にひとり降り立った〉

さいはての駅に下り立ち
雪あかり
さびしき町にあゆみ入りにき

港文館の小さな玄関を開けた簀《す》の子《こ》板で靴を脱ぎ、再び戸を開けた室内は暖かい。右のカウンターに女性が一人。コーヒーのいい匂いがする。木の階段を上がり、二階展示室に入った。

二十二歳の啄木は小樽に妻節子《せつこ》と娘京子《きようこ》を残し釧路新聞社に赴任。たちまち政治評論「雲間寸観《くもますんかん》」や「釧路詞壇」でめざましく活躍する一方、料亭にもよく通った。

パネル「啄木をめぐる女性たち～釧路時代」は啄木を中心に当時の料亭と芸妓《げいぎ》が並ぶ。「しゃも寅《とら》」の芸妓は小奴《こやつこ》・小蝶《こちよう》・すずめ・妙子《たえこ》。「喜望楼《きぼうろう》」小しず・小玉、「鹿島屋《かしまや》」市子、「梅本楼《うめもとろう》」小梅・ひな子。みな写真館で撮った写真が揃《そろ》い、さすがに美形ばかり。文学の才がある若い美男の啄木はもてただろう。上段左は妻節子と本人、右に大きな二人は小奴と梅川操《みさお》だ。

しゃも寅の芸妓・小奴は当時十八歳。啄木は「少しの翳《かげ》りがない。花にすれば真白の花」と書き、小奴も啄木に好意を抱き「唯《ただ》あやしく胸のみとどろき申 候《もうしそうろう》」という手紙を渡す。啄木は「俺の方では、名も聴かなかつた妹に邂逅《かいこう》したように思ふが、お身は決して俺に惚《ほ》れては可《い》けぬ」と返事する。

笠井《かさい》病院の看護婦・梅川操は啄木に出会った当時二十三歳。啄木は「背の高くない、

啄木は何を見つめる

思切つて前に出した庇髪《ひさしがみ》を結つて、敗けぬ気の目に輝く、常に紫を含んだ衣服を着てゐる、何方《どちら》かと云《い》へば珍らしいお転婆の、男を男と思はぬ程のハシヤイダ女である」。さらに「心の底の底は、常に淋《さび》しい、常に冷たい。誰かしら真に温かい同情を寄せてくれる人もと、常に悶《もだ》えて居る。自ら欺き人を欺いてるだけ、どちらかと云へば危険な女である」と書く。

ともに啄木に好意を持った二人の、小奴には妹的な愛を、梅川には女の性を見る冷静な観察はやはり文学者の目か。

ある三月の夜、しゃも寅で飲んだ啄木は夜十二時過ぎに友人横山城東と小奴で下宿に帰り、三人で茶を飲んでいる深夜一時、窓下に「石川さん」と梅川が訪ね来て部屋に入った。いつしか女二人はどちらが先に帰るかの競争になり、払暁四時ついに梅川が「どうも晩《おそ》くまで失礼しました」と帰り、小奴は「勝った」と笑った。この一件も啄木はながく冷静に日記に記している（鳥居省三著・北畠立朴補注『増補・石川啄木――その釧路時代』釧路市教育委員会より）。

小奴といひし女の
やはらかき

耳朶《みみたぼ》なども忘れがたかり

――梅川には、

一輪の赤き薔薇《そうび》の花を見て
火の息すなる
唇《くち》をこそ思へ

では啄木十四歳にしての初恋「白百合の君」と大恋愛の末二十歳に結婚した妻節子には、後年「予の節子を愛していることは昔も今も何の変わりがない。節子だけを愛したのではないが、最も愛したのはやはり節子だ」と書く。

節子は女学生時代、作法にすぐれ、バイオリンを弾き、美しい声で歌を歌い、文学を理解するモダンな女性だったが、啄木との結婚後は夫の文学的才能を信じ、それを支える困窮生活に耐え忍ぶ女性に変わった。啄木は「自分がそうであるように、女も親や夫の人生に左右されることはない」と不憫《ふびん》を詠嘆する。

わが妻のむかしの願ひ
音楽のことにかかりき
今はうたはず

——石川啄木、幸せな男と言うべきか。

小奴の回想

一階の椅子に座り、熱いコーヒーをすすった。木窓の外の波止場の先の海に音もなく雪が降り続き、鷗《かもめ》が間近に飛び交う。

二十二歳といえば若い英気の最も多感なときだ。妻子あるとはいえ、単身北の町にある身は多くの女性に心よせ、またよせられても無理はない。啄木は二十七歳で生涯を終えたが、釧路の旅館近江屋《おうみや》の女将となった小奴（近江ジン）は長生きし、昭和四十年に七十四歳で亡くなった。展示室にはジンを訪ねた林芙美子《はやしふみこ》や金田一京助《きんだいちきょうすけ》、映画ロケで来た山田五十鈴《やまだいすず》、岸旗江《きしはたえ》との写真もあった。釧路啄木祭に際してジンの詠《よ》んだ歌も残っている。

君と共に逝きし若さもなつかしや亡き啄木を語る春の夜
六十路《むそじ》過ぎ十九の春をしみじみと君が歌集に残る思出

ロビーの小冊子によると、全国に啄木碑は百七十三あるそうで人気のほどがうかがえる。釧路にも二十七の碑があり、その歌碑めぐり地図をここでもらえるが、今日の雪では難しい。

展示室隅の、足しげく通った料亭しゃも寅の火鉢などを置いた横に転がした徳利にこうあった。

しらしらと氷かがやき
千鳥なく
釧路の海の冬の月かな

編集主幹と衝突した啄木は滞在わずか七十六日で釧路を去った。

炉端焼のあたたかさ

今朝は雪も止んで薄日が射している。昨日できなかった石川啄木歌碑めぐりに行こう。道路は少し溶けた雪が夜に氷結して全面つるつるだ。滑らかな起伏の歩行は危なく、歳とった身に転倒は重大事故になる。つかまるところもなく両手でバランスをとりよたよたと歩く。しかしまた雪が降り始めて幣舞橋で立ち止まり、雪の釧路港を、あまり見られない風景としばらく眺める。

啄木像のある港文館を過ぎ、信号を越えたところに「小奴の碑」がある。

——啄木はわが身を詠む。

あはれかの国のはてにて
酒のみき

かなしみの滓《おり》を啜《すす》るごとくに

——小奴には、

舞へといへば立ちて舞ひにき
おのづから
悪酒の酔ひにたふるるまでも

〈漂浪の身に小奴の面影は深く啄木の心をとらえ生涯忘れ難き人となれり〉。解説は美文調だ。

その先へと踏み出したとたん、つるりと足を取られて転びそうになった。危ない。地元の人は慣れているのかと思ったが、向こうから来る老夫婦は交互に立ち止まって歩く手をとり慎重だ。ここから先は坂で氷の上の薄雪は最も危険だ。転ばぬ先の杖《つえ》もなく、悪酒の酔ひにたふるるわけにもゆかず、歌碑めぐりはあきらめた。

橋を戻った末広町《すえひろちょう》は、日陰の歩道に残る雪のがさがさした踏み心地が安心だ。早いが昼にしよう。釧路ラーメンならここと聞いた「河《かわ》むら」は大型ストーブが暖かい。

届いた塩ラーメンは雷紋丼にチャーシュー・メンマ・青葱たっぷり。特徴は削り節と鶏《とり》ガラスープに加えてたっぷり使う玉葱のさわやかな甘み。極細ちぢれ麺によくからみつき、途中で胡椒《こしょう》をどっさり振るとヒリヒリが高まってさらにおいしかった。

伝説のフライパン

釧路の夜は早く、炉端焼「万年青《おもと》」の畳半畳もある囲炉裏には、今まさに炭火が真っ赤に熾《おこ》り、ガシガシとならされている。囲むコの字の大カウンターは幅広い。

釧路の居酒屋はほとんどすべてが炉端焼だ。大きな囲炉裏の炭火で魚も野菜も何でも焼いて食べる。魚は生よりは干物だ。鉄瓶や甕《かめ》には常時酒が温まり、柄杓《ひしゃく》で茶碗に注ぎ、すぐに出す。

十数年前、初めて釧路に来たとき、北海道に炉端焼が多い理由をこう考察した。〈寒い北海道は常に赤々とした火があることが最大のもてなしだ。寒い外からやって来た客は酒の燗《かん》のつくのをのんびり待っていられず、茶碗でぐーっとやって温まる。北海道の炉端焼は開拓当時の記憶を伝えている〉。

今ぐーっとやったのは生ビールだ。店内はまだ温まりきっていないが、長居するのだ

釧路港に雪が降る

からまずはこれ。手につかむのはサッポロ星マークの大グラス。ビールグラスはこれがベストと北海道の人は知っている。東京の小料理屋のちまちました一口グラスなど論外だ。

銀肌鰊《にしん》と麹のお通し〈にしんの切り込み〉はかなりうまい。真っ赤に拡げた炭火にいま大網がかぶり準備完了。さあいくぞ。

「カレイ」

「はい」

「それとアスパラ」

「はい」

炉端焼はホッケ、キンキ、イカといろいろあるが、この二つこそ炉端の王者。三筋切り込みを入れたヤナギカレイ目の下二十五センチは相当ぶ厚く、焼き方はかぶせたアルミホイルを大トングでV字に押さえ置き、魚はひっくり返さない。焼けると真ん中の切り込みからナイフを身に差し込み、骨と少し剝がし浮かせて皿へ。パリッと乾いた皮を分け、ほわりと湯気を上げる白肌に醬油ちょいタラーリ。

あんじゃまにゃーそのうんめいことずらよ！　忘れてならないエンガワは小骨ごとばりばり。やっぱり一番うまいのはここだべや。そんだらもち（あまりにうまいのでだん道の味ずらっこさ。

炉端焼で活躍するのは大小トングと鋏《はさみ》だ。味噌で食べる身欠きニシンも鋏でぱちぱち切って出され、日本料理作法など気にしない合理性が気持ちよい。角のカップルの注文は当店名物、秘伝タレに浸けた一枚三百グラムの巨大豚肉。北海道女子は肉食で一人一枚ぺろりと食べる。

目の前で何か焼けているのは目を楽しませ気持ちを豊かにする。客はみな腰をすえてじっくり飲み、一人は女将相手に話し込み、一人は黙っている。年配女性が一人で来ているのも自立心つよい北海道女性の特徴か。油で艶《つや》光りした店内は六十年の勲章だ。

立ち上がった女将が手にしたのは「この店に来たらこれを拝まなきゃ」と言われる「伝説のフライパン」だ。昭和三十二年に屋台で始め、九年目に店を持つと、客から卵焼きを頼まれあわてて買いに走ったものだ。以来卵を焼いて五十八年、油光りした縁は壮烈に内側にまくれて変形し把手《とって》も垂れ曲がる。テフロンではない純鉄でこうなった。卵焼きは品書きにはないがほとんどの客が頼むという。

「食べてみる？」

「食べる食べる」

白エプロン、中腰で焼く姿は慣れがある。ほどよく焦げてふんわりと空気を含んだプレーン卵焼きはすばらしく、温めた酒によく合って人気がわかる。

いいなあ、北の町の炉端焼。

挽歌、追憶の靄

　雪の幣舞橋、橋中に建つ裸婦像「道東の四季」四体で最も好きな、薄衣をまとって一歩踏み出す古典的ポーズの舟越保武作「春」も寒そうだ。
川の満々たる水面は墨絵のようにかすみ、靄《もや》の中から海鳥が現れては消える。海のうねりで割れた結氷がぶつかり合って丸くなり、縁がまくれあがる釧路の風物詩「蓮葉《はすは》氷《ごおり》」を見たいと思ったがまだのようだ。気温零下二十〜二十五度の厳寒の川面《かわも》に白い湯気のように立つという蒸気霧「けあらし」は、エキゾチックなこの橋をさぞ幻想的にすることだろう。

　橋から見える川岸の大きな建物「釧路フィッシャーマンズワーフＭＯＯ」の二階は釧路の歴史や産業、文化を紹介する。ガラスケースに作家・原田康子《はらだやすこ》のコーナーがあった。

　釧路に育った原田が、二十七歳で釧路のガリ版同人誌「北海文学」に発表した「挽《ばん》歌《か》」は中央で単行本化され、当時書評で最も権威があった「週刊朝日」のコラム「週刊図書館」のトップに「青春への告別」と題し紹介された。

〈にわかにおとずれて、あわただしく過ぎ去る少女期、本人の気のつくころには早くも過ぎ去って、ひとりの女になっているといったふうの特殊の一時期における女主人公の心理と生理のこまやかな襞《ひだ》を、これだけ繊細に、綿密に、かつ着実に描きあげたものは、あまりないように思われる。（中略）少女のまきこまれた青春の本体を素直に追求して、終始ゆるみを見せず、しかもそれを確固たる構成をもった一個のフィクションにまで高めている。作者のすぐれた資質を十分に生かした秀作で、最近注目すべき収穫である〉。

辛口で知られたコラムには最大級の書評だ。

また「サンデー毎日」では作家・杉森久英《すぎもりひさひで》が「青春への限りなき哀愁」としてこう書いた。

〈著者の原田康子さんは北海道釧路の人で、三十近い新人だが、老練な精神科医のような手つきで、怜子《れいこ》の屈折した若い自我を解きほぐして見せる。さいはての町のわびしい旅情を背景にして、全体にむせぶような青春へのかぎりない哀憎がこめられているからであろう〉（一例引用、盛厚三著『「挽歌」物語――作家原田康子とその時代』釧路市教育委員会より）

『挽歌』は昭和三十二年のベストセラー第一位、前年の石原慎太郎《いしはらしんたろう》『太陽の季節』をし

雪に寒そうな、舟越保武作「春」

のぐ戦後最大のベストセラー（当時）となり、男の「太陽族」に対し、若い女性の「挽歌族」を生んだ。

「北海文学」連載中から読んでいた映画監督・五所平之助《ごしょへいのすけ》はすぐに映画化を申し出た。久我美子《くがよしこ》、森雅之《もりまさゆき》、高峰三枝子《たかみねみえこ》とこれ以上ない配役を得て釧路で撮影された映画は、監督のロマネスクな感性と北国の霧の町のエキゾチシズムがマッチし情感豊かなメロドラマとなった。夜霧の幣舞橋や早朝の原野など忘れ難いシーンがある。

そしてヒロイン兵藤《ひょうどう》怜子を演じた久我美子のすばらしさ！　左手に障害をもち、多感なゆえに真実の感情を屈折させる主人公を、怜悧《れいり》な美貌と小悪魔的な目でみごとに自分のものとしていた。

ガラスケースにおさまる映画の新聞広告は、挽歌スタイルといわれた、ハーフコートに黒セーター、黒スラックスの久我が、原野の木立ちに憂いをもって寄り立つ。添えるコピーは〈二二歳の青春を賭けた罪深き私の愛の歴史――今はなき追憶の靄に深々とつつまれた秋の木々が、今日も私をあの日の森に誘い出す……〉。

いつまでもその場を離れられない私でありました――。

赤横部

釧路の繁華街・末広町はずれの「赤ちょうちん横丁」の全二十六軒は、細路地に一間《けん》間口の飲み屋が向き合って二筋並び、出会う奥は共同トイレだ。昨日「万年青」で教わった居酒屋「花《はな》」に入った。

ママさんは愛想がいい。

「何人入れる？」

「冬七人、夏は詰めて十人かな」

冬の今は奥に置いたストーブが二人ぶんを占領する。

昔入った角の「赤天狗《あかてんぐ》」は、摩周湖《ましゅうこ》の水で作ったと称する特製カクテルを親父が「ドン！」とカウンターに叩《たた》きつけて出すのが名物だったが、なくなったようだ。

「そうですってね、ウチはまだ二年目なの」

この横丁は戦後のリヤカー屋台露店が、昭和四十三年ここで共同店舗にしたのが始まり。東日本大震災後は十店ほど空いたが今はいっぱいで、どこも混んでいるそうだ。

焼酎お湯割りがうまい。奥の若い男女四人はこの店で知り合って意気投合し「赤横部」を結成。「私たちママさんファンの『花』中毒で～す」と笑う。四人は去年ママさんの誕生会をスナックでカラオケでもと企画。常連に声をかけてもらい集まった人は、店では顔見知りでも初めて自己紹介。市の要職者も大勢いたが自己主張する人がなく大成功だったそうだ。

寒い外で席待ちしていた男がようやく座れた。六十五歳というその人は去年の四月三日、『挽歌』の舞台を訪ねようと東京町田《まちだ》から来て「赤横」のどこかに入りたいとぐるぐる回ること三周。女性の笑い声が聞こえるここに思い切って入った。「新開店三日目だったのよね」とママさんがうなずく。

やはり冬でないと、と今年一月にも来釧。今回は六泊七日で今日は五日め。いつもここで一杯やってからハシゴと出て行った。

寒い地に肩寄せ、話し好きにさせる一坪酒場がいい。昔入った、「北海文学」同人のたまり場だったという小さなおでん屋「挽歌」はなくなっていた。そこもストーブが暖かだった。彼に教えてやりたかったなあ。

文学の町、釧路

　夕刻に暗くなった幣舞橋たもとの「ぬさまい河畔広場」に人が集まっている。ここには「釧路の夜」の碑がある。平成五年一月の釧路沖地震を知った美川憲一《みかわけんいち》は、自分のヒット曲の地のために全国チャリティーコンサートを行い、釧路でしめくくって収益金を市に寄付した。碑の前に立つとセンサーで曲が流れる。集まりは冬のイルミネーションの点灯式で、夜には点《つ》くそうだ。

　あまり明るくない繁華街末広町は小さな店が肩寄せるが、北海道は道路幅が広いため濃密な感じはない。どこか開拓期のブームタウンに似るのは道路にガードレールがなく、信号もほとんどないからだろうか。歩道の植栽台が地面から六十センチほども立ち上がるのは積雪対策だろう。

　雪の歩道のあちこちに埋め込まれた銀色に光る鉄製の鮭の原寸レリーフは、そこだけ雪を除《ど》けると雪原に鮭を放り出したようだ。鮭を高々と両手にあげたニシン漁場で働く

「ヤン衆」が立つ。頭にタオル、ゴム様のズボンは雪をかぶるが寒そうではない。

肩寄せ合う居酒屋はほとんど炉端焼だ。「かじか」「魚群」「ぬさまい」「津軽」「つんどら」「出世坂」「釧路しつげん」。店名は凝ったのか簡単につけたのか。

「ドライバーの皆さん、この時季は、日没時間に出没するエゾシカの衝突事故が増えています。光るものを見たらすぐ路肩へ徐行しましょう」。街頭放送が間断なく流れる。

おみやげの包み

「また来たよー」

「あらうれしい、まだ食べてもらいたいものあるのよー」

二日前も来た居酒屋「しらかば」で同じ席に座った。お通し〈煮〆《にしめ》盛り合わせ〉が温かい。〈茹でてない活《いき》タコ〉の削《そ》ぎ切りは甘く、大きな吸盤がくにゅくにゅとうまい。

〈ししゃも〉は、網にのせたししゃもにホタテ貝殻をかぶせて炉端で焼く。

「浮気丼て何?」「あれは予約制」「浮気って予約するもの?」「そうよ、丼見たらわかるわよ」「?・?・?」。今度浮気を予約しよう。

これ食べてもらわなきゃと持ってきたのは身の厚いカレイの煮付けだ。私はカレイ狂。

雪を浴びて立つ「ヤン衆」

釧路のカレイは種類が多く、刺身ならオヒョウ、マツカワ。一夜干しならヤナギ、宗八。煮付けならババガレイ（ナメタカレイ）、クロガシラ。先日ここで食べたババガレイ煮付けはじつに全くすばらしかった。今日のはサメガレイで、見せた生切身は幅三十センチ厚さ五センチの巨大。鮫皮《さめかわ》を剝いだ肌は白く、ムキカレイの名でも売っているという。では……。

夢中の二十分。感想は「これぞ帝王、偉大なるかな、カレイ！」。とりわけ厚い腹のぷりぷりねとねとは「女の人にコラーゲンたっぷりと言うと必ずしゃぶる」とか。男の私も恍惚《こうこつ》。終えて一息、口を拭き、満足して燗酒を。

店の額写真は平成四年、世界自然保護基金総裁として来日、釧路でここに寄られた英国エジンバラ公と随行大使夫人たちだ。公は初めはお疲れでご機嫌ナナメだったが、しだいに気に入って予定時間を大幅に延ばし、帰りに女将さんと一緒に写真を撮った。

チェックシャツでくつろぐのは写真家としても有名なベイカー元駐日アメリカ大使。丹頂鶴《たんちようづる》の撮影で釧路に来てここで一杯やった。

友達とご一緒に来られた紀宮《のりのみや》様の写真はまだお若く、手を前にお行儀よくほほ笑む。その後島津貴子《しまづたかこ》さんが来られ「サーヤは何食べたの」と聞かれ、当店名物「しらかば団子」をお持たせした。数日後、プリンスホテルの仕事で来られたとき「これ」と包みを渡しすぐ帰られた。見ていた客は「見せろ」「皆の前で開けるもんだ」と迫ったが女将は絶対開けず、一人の時間になったとき包みを解いた。私は小声で聞いた。

「……何だった？」

「食べるもの」

「何？」

私は聞いたが書きません。とてもよいものだったそうです。

寒い寒いと入って来た男三人は、雪で飛行機が着陸をやり直したとか。神戸《こうべ》から来た水産加工の人と聞いて女将が出した鮮紅の〈ホヤ刺身〉を興味深げに口に入れる。「これよ」と見せた切る前の原形は上に吸い口が二つある奇妙な暗褐色の袋。エゾホヤとも言うマボヤで、本州のとは全然違うとか。口中に拡がる苦みは全く臭みなく清涼そのものだ。さらに「これは関西にあらへんな」と〈八角《はっかく》刺身〉に舌鼓をうつ様子を地元客がなごやかに見る。

念願だった冬の釧路再訪。本番はまだと言われたが寒さも味わった。雪の幣舞橋の四人裸婦像が目に残る。港文館では釧路新書を三冊買った。新書を発行し続ける自治体は他にあるだろうか。白と黄緑の表紙は余計なカバーなどなく、内容も（それこそ）地に足がついている。以前『釧路碑文手帳Ⅰ』を買った。今回の三冊もこの連載におおいに役立った。釧路は郷土を大切にする所だ。

幣舞橋たもとに戻ると、点灯式を終えたイルミネーションが夜の川にきれいに映る。二階が原田康子資料室になっている橋詰めの小さな観光案内所に貼り紙がある。

〈おめでとう　第149回直木賞受賞「ホテルローヤル」桜木紫乃《さくらぎしの》さん〉

そうか、そうだった。桜木さんは釧路出身。原田康子本人が出席した挽歌碑除幕式にも参加したと雑誌で読み、釧路港にたたずむ桜木さんの写真も見た。エキゾチックな釧路は女流文学を生む。東京に帰って『ホテルローヤル』を読もう。

名古屋

2014年2月

「大安」の店内は、ビラがいっぱい

夜にさがした酒場

浜松で用事を終えた夜、名古屋に向かった。日本三番めの大都市名古屋は新幹線で通過するばかりで、ほとんど何も知らない。企業はトヨタ。オリンピックを招致しようとしたことがある。万博をやったと聞いた。信長、秀吉、家康。またこんどにしましょう。味噌《みそ》煮込みうどん、海老《えび》フライ、どて焼き、あんかけスパゲティは有名。いざとなれば食べ歩きだと、新幹線で三十分ほど眠った。

冷え込んだ夜。腹が空いて、出口はこっちでいいのかなあと思いつつタクシーに乗る。遅くまで開いている居酒屋を調べておいた。

「金山《かなやま》のどこですか？」

「これを」

地図を渡すと、暗い車内でめがねをかけしばらく眺める。

「駅のちかくですか？」

「いやわからない」

運転手に聞かれたがまったくわからないので完全おまかせ。やがて住所をたよりにカーナビに従うことにしたようだ。

名古屋駅から市街を離れ、あたりはどんどん暗く寂しくなってゆく。住宅街でも工場街でもなさそうだが。

「……案外遠いですね」

「まあ、通勤圏ですよ」

やがて明かりが見えてきた。別の町に来たのだろう。「このあたりのはず、居酒屋ですね」と何度か回り、他にはないなと確認したかのように止まった。「これですか」の声には遠くから来たワリに、というニュアンスがある。

明るい駅からはずれた、電車線路に沿う暗い道に一軒ぽつり。看板「歓酒亭《かんしゅてい》 大安《だいやす》」で間違いない。わざわざ来たがこれか。タクシー代が高くついたが他の店は知らないし、第一もう遅い時間だ。開いててヨカッタ。

店内は満員だ。一人だが座る所がなく、コの字カウンターのとがった角に、左右にすみませんと声をかけて尻をおろす。すぐお姉さんが伝票片手に来た。

「お飲みものは?」

「ビール生」

「はい、生一丁!」

すかさず奥に声を飛ばし、ビールをとりに行く。声と同時に奥で注ぎ始めたらしく、すぐ戻ってきてドンと置いた。

「ご注文は?」

「ちくわ磯辺揚げとサワラたたき」

「はい、いそべ一丁! たたき一丁!」

目の前の長い品書きから、こちらも素早く注文を決めておいた。

ングングング……。

ああやれやれ。東京から出張して一仕事すませ、夜やってきた名古屋のはずれの大衆酒場の最初のビール。よく働いたわい。

差し入れ来たる

おちついて見渡す店内は「凸《とつ》」を右半分にしたような変形コの字カウンターで、立ち飲み席は若い男に作業着。座り席は年配もいる背広の勤め人たち。離れた立ち飲み机は若手と中年親父のサラリーマン数人が相立ちで意気投合したらしく「よく来るの？」と盛り上がっている。私の二人おいた隣は若めの女性二人だ。

店の女性三人はてきぱきよく動き、余計なことは言わないが「これが芋、これが麦」と焼酎お湯割りを渡し、空いたグラスに「お兄さん、お酒出す？」と声をかける。受けた注文をその場で大声で奥に通す安心感。

「○○さん、梅肉フライ一丁！」

「(奥から) 梅肉終わった」

「(客) あー、じゃマテ貝焼」

「マテ貝一丁！」

「(奥) マテ終わった」

「(客) ありゃー、ヤリイカ」

「ヤリイカ一丁」

「(奥) はい、ヤリ一丁」

「できるって」

「(客) ヨカッタ」

なんだかこちらもほっとする。マテ貝焼は頼もうと思っていたので情報が伝わった。

〈ちくわ磯辺揚げ三〇〇円〉はもみじおろしにぽん酢。〈さわらのたたき三〇〇円〉は身が厚い。これには酒だな。燗酒《かんざけ》メニューと別の黒板書き銘酒「加賀鳶《かがとび》」各種をお燗で飲みたいが、こういう酒場は得てして高級酒は「これはお燗できません」と言いがちだ。またそういう注文をする雰囲気でもない。でもまあ言うだけ言ってみるか。小さく声をかけた。

「すみません、加賀鳶の極寒純米をお燗できる？」

「電子レンジですけどいいですか」

おお！　断らず、しかも正直。これはすばらしい返事だ。

そしてしばし。「温め過ぎ～？」と手運び。すぐ一口ふくみ、ウンウンとおおげさに顎を振ってVサインを出すと、にっこり笑って下がって行く。いい娘だなー。

ここは都心を離れた勤め人が集まる人気酒場のようだ。身なり良い銀髪紳士が、わが場所のようにほっとしている。そこに次に頼もうかと思っていた〈里芋煮おろし〉が届いた。

「これは？」

「奥のお客様からです」

奥を見るが誰かわからない。やがてトレンチコートの似合う紳士がこちらに来た。

「いつもテレビ見てます」

あ、恐れいりますと恐縮至極。その方の言うには、ここは鄙《ひな》にはまれな良い酒場で愛用しているが、太田さんがふらりと来たので驚いた。

「さすがよくご存じですね」

「いやたまたまです」

ここはどんな町柄ですかとうかがうと、東京で言えば池袋《いけぶくろ》とか。ははーん、なるほど。その心は都心から離れたいささかどろくさい場末ターミナルだ。

「帰ろうと思ったが」と言うその方ともう一杯。名古屋ナイト第一夜でした。

かしわ味噌すきと名橋

昨日夜おそく名古屋に着き、居酒屋で一杯やり、すぐにホテルで眠った。

朝のカーテンを開けてようやく名古屋にいる実感がわいた。窓の下は堀川《ほりかわ》にかかる納《な》屋橋《やばし》。その角に建つ三階建て煉瓦《れんが》洋館は良さそうだ。後でよく見よう。まずは早昼飯だ。部屋のポットで湯をわかしてコーヒーを飲んだ。

納屋橋西詰めの、かしわ・うなぎ料理屋「宮鍵《みやかぎ》」は創業明治三十二年。作家・池波《いけなみ》正太郎《しょうたろう》は御園座《みそのざ》に仕事があると寄ったそうだ。

玄関すぐ左の調理場に白衣板前が数人、支度に余念がない。黒石の床、磨かれた木艶の店内は老舗《しにせ》の風格がある。私は開店一番客。品書きには昼に手ごろな親子丼、とり丼もあるが、鍋を頼むと二階に案内された。

畳に白座布団のおちついた数寄屋座敷。小さな雛《ひな》人形に飾る梅が春の風情だ。白衣の仲居さんが小机にガス台を置く。

名古屋から西は鶏肉《とりにく》を「かしわ」と言う。そのかしわの〈寿《す》きやき〉は醤油《しょうゆ》、〈白たき〉はスープ炊き、〈みそすき〉は味噌。初めての味噌に挑戦してみよう。

みりんをひとたらしした重そうな真鍮《しんちゅう》鍋に鶏の脂を拭きまわし、白い鶏ガラスープを張り、温まるとボウルの黒っぽい味噌をどっさり溶き入れた。

「八丁味噌ですか？」

「はい、その合わせです」

鶏肉・胆《きも》・椎茸《しいたけ》・葱《ねぎ》・菊菜・玉葱・シラタキを並べ、ぐつぐつ煮えてくると、どろどろの濃い汁から大粒の気泡が粘ってはじけ、汁が周りに飛び散るようになった。

「さあどうぞ、一見しょっぱく見えますがそれほどでもないです」

溶き玉子でまず鶏肉から。

――いや、しょっぱい、ものすごくしょっぱい。そう言うと鶏ガラスープを足し「名古屋の人は濃い味が好きで」と苦笑する。味噌は甘みも苦みも濃い。鶏は三河の赤鶏地鶏の皮つきもも肉でやわらかい。赤い胆は新鮮。しょっぱいだけに葱、玉葱がおいしく、濡《ぬ》らしただけの菊菜にほっとする。

高温になった厚い真鍮鍋に張り付いて焼け焦げた味噌がいい匂いだ。どて焼き、味噌おでんのように、この味噌たれに何か突っ込んでみたくなるのがわかる。後はご飯かきしめん。ご飯は雑炊にするとすぐ焦げるので汁かけ飯とか。これをご飯にかけるのはちょっと。私はきしめんにした。

昼どきになりサラリーマンやOLが座敷にも続々来て、とり丼や鰻《うなぎ》ひつまぶしを食べ、観光の店ではない身近な老舗と知った。

堀川の近代化遺産

納屋橋東たもとの旧加藤商會《しょうかい》ビルは築昭和六（一九三一）年、地上三階・地下一階の登録有形文化財で一～三階はレストランだ。外壁は一階が白花崗岩《しろかこうがん》、二、三階が赤煉瓦。ビル角の隅切り玄関から上まで壁を曲面にして略装飾をほどこした、小振りながら瀟洒《しょうしゃ》なネオ・ルネッサンス様式の赤煉瓦に柳の緑が映える。

ビルすぐ左の「納屋橋」親柱は、高さ二メートル余りの花崗岩角柱の四方に丸い付け柱、その上に五つの丸電球の鉄製装飾灯を立てた立派なものだ。今はペンキ塗装修理中で、欄干はシートがかかるが、鉄装飾は見える。

解説板によると、最初の架橋は慶長十五（一六一〇）年、名古屋城築城の堀川開削時で、現存は大正二（一九一三）年の鋼製アーチ橋の継承架け替え。欄干中央には堀川開

瀟洒な旧加藤商會ビル

削総奉行・福島正則《ふくしままさのり》と「郷土三英傑」信長・秀吉・家康の紋所がある。

　大正二年の納屋橋、昭和六年の加藤商會ビルは、さぞモダン名古屋を演出しただろう。建物好きで橋好きの私は期待がわいてきた。はたしてそこから堀川をさかのぼる橋は、いずれもクラシックな名橋だった。

　すぐ上の「錦橋《にしきばし》」は昭和十一（一九三六）年の架橋。こちらも親柱に五つの丸電球の鉄製装飾灯、御影石の欄干に嵌《は》め込んだ青銅の装飾窓は洗練されている。欄干は橋詰め左右に大きく広がって、橋を渡る気分を盛り上げる。

　さらに上の「伝馬橋《てんまばし》」は〈名古屋城下の物流大動脈に開削された堀川に七つの橋が架けられた〉と解説があり、絵「尾張名陽図会《おわりめいようずえ》　伝馬橋」には、架橋当時の木橋の川岸に材木が立ち並ぶ木場だ。今のアーチ石橋は「大正九年三月改築」とあり、親柱に行灯《あんどん》風の四角い装飾灯を置いた堅実な構えがよく、橋詰めの小公園は早春の天気に居心地よさそうだ。

　もうひとつ上の「昭和十二年竣工《しゅんこう》」とある「櫻橋《さくらばし》」は、名の通り桜花と流水を彫り込んだ三尺×二尺ほどもある青銅のレリーフを両欄干に三面ずつ嵌め込み、鋳型でとった複製ではなく皆絵柄が違う。親柱は柱というよりは横長のどっしりした石の基壇。上に立つ高さ一メートル余の鉄の六角装飾灯は、桜花総透かし彫りの中に電灯を入れた行灯で、夜に点灯したらさぞかし風情があるだろう。

橋中央の巨大な装飾灯は、すらりと伸びた幹のような鉄柱上部におよそ三十個もの白丸電球が上に向かって重なり合い、まさに満開の夜桜か。アーチ橋の頂上外に嵌め込んだ大きなアールデコ装飾板も格調が高く、櫻橋は堀川四橋で最も優美にして豪華だ。

橋の連なる堀川両岸は鉄柵の遊歩道が設けられ小公園もある。今は時季にはやい桜が満開だ。下の遊歩道から見る櫻橋の鉄アーチは装飾がほどこされ、橋は川面《かわも》からも見られるものという意識が存分に感じられる。

堀川には他に、筋違橋《すじかいばし》、岩井橋《いわいばし》、日置橋《ひおきばし》、住吉橋《すみよしばし》など、大正から昭和初期の近代化遺産名橋がいくつもあると後に知った。

日本一の居酒屋

午後三時半、名古屋の目抜き「広小路《ひろこうじ》伏見《ふしみ》」角の居酒屋「大甚《だいじん》本店《ほんてん》」の開店は四時だが、すでに客が集まっている。

黒丸太を縦に並べた外壁には、上に庇《ひさし》のつく立派な箱に「大甚」の切り文字が納まる。昔は提灯《ちょうちん》を提げたが通行の邪魔とこれに変えた。「準備中」の札にかまわず入ってゆく人もいる。四時の五分ほど前には、もう待てないとぞろぞろ入り始め、私も後についた。

広い店内の机はほぼ満員だ。シンと待つうち壁の柱時計が四つ打ち、電灯が点《つ》いて店が明るくなると同時に客は一斉に立ち上がり、肴《さかな》の皿小鉢がぎっしり並ぶ机に向かう。好きなものを自分で取り、皿数で勘定する方式だ。

さあオレもだが、あわてることはない。ベテランは第一波が退《ひ》いたあと立つ。なくなった肴はどんどん追加され、さらに湯気を上げるできたて煮物の大皿も届き、主人がそこで小分けして並べ、常連はそれ目当てに温かいのを主人から直接受け取る。私が取った第一回は〈煮穴子〉と〈あさりと葱のぬた〉。手は二本だから三皿は運べない。当店初心者は興奮して、盆で四つも五つも取るのでわかる。

むしろ慣れた人は奥の鮮魚窓口に行く。保冷ガラスケースには刺身をはじめ様々な旬の成魚が並び、刺身、焼き、天ぷらなどに調理を注文する。私は大好物のメバルをみつけ煮魚で頼んできた。

酒は簡単だ。燗付け場の女将《おかみ》さんに「酒」と言えば十秒で燗酒が届く。燗付け場前の大机が定席の私はアイコンタクトで指一本立てるだけ。以上万全と相成った。

ツイー……。

うまい、じつにうまい。感に堪えず目をつぶり顎を左右に振る。

この名古屋編冒頭に、名古屋のことはよく知らないと書いたがここは別だ。新幹線でここに入るためだけに来たこともある。私の名古屋は大甚のことだ。

春の煮魚

最もこころ魅《ひ》かれるのが、玄関すぐの赤煉瓦二連へっついの大燗付け場だ。青竹タガもきりりとした白木四斗樽《だる》の木栓をひねり、大きな片口に受け、じょうごで七十本余りの徳利に小分けしておく。へっついの大羽釜の湯にはつねに十五本ほどが燗され、注文に即届く。日本酒は急いで燗するよりも、適温の湯にながく入っていると芯まで温まってやわらかく、風呂と同じだ。そのときこれも風呂と同じで肩まで沈むことが大切。徳利たちは首まで浸かって気持ちよさそうだ。隣の大鍋には盃《さかずき》がずらりと温まる。日本酒にこれほど取り組んだ燗付け場はない。

明治以来使い続ける松竹梅印判の古風な風格の背高細身徳利の酒は、広島「賀茂鶴《かもつる》」の大甚専用タンクから樽で運ばれる樽酒で、四斗樽が一日で空になる。壁の賀茂鶴の感謝状〈貴店は戦前戦後を通じて賀茂鶴拡大に並々ならぬ……〉に万感の思いが伝わる。

大甚は明治四十年、愛知県海部《あま》郡大治《おおはる》村で地酒「大甚」の名をとり山田徳五郎が始めたが早世。妹ミツが継いで名古屋に移した。その才覚と人柄は多くの客に慕われて隆盛の基礎を作り、働き詰めて五十代の若さで亡くなった。今は額の写真から店内を見ている。

昭和二十九年、「小さな店は請け負わない」と言う竹中工務店を口説いて依頼した建物は、階段は欅《けやき》、腰板は檜《ひのき》、地震がきてもうちだけは残るでしょうという頑丈なものだ。今は重厚に黒光りし、厚さ十五センチもある檜一枚板のいくつもの大机、合わせて作った椅子も全くガタはなく、しっかり作り、ながく使う見本だ。

日本一の燗付け場

開店百年をとうに超えた現在、店を差配する主人・山田弘さんは徳五郎の孫で、つるの太いめがねと胸の栓抜きをトレードマークに、毎日バイクで河岸《かし》に通う。御歳《おんとし》やがて八十というが若々しい艶、声の張りは六十代だ。奥様良子さんは不動のお燗番で信頼厚い。息子さんが一階二階を担当する。

「お待ち」

届いた〈メバル煮魚〉の前ビレがピッと立った煮姿に目を見張る。春は煮魚の季節。その最高峰メバルに私は目がない。目がないのに目張る。サエナイしゃれは捨て一心不乱に箸を使う。

ああうまかった。そうだ、第二ラウンドは春シリーズといこう。春を探して選んだ肴は〈新筍《しんたけのこ》と絹さや煮物〉〈やりいか煮〉。我ながらチョイスがいいのう。およそ四十種以上もある肴は毎早朝から作り、これだけの質で平均価格二二〇円は全く頭が下がる。

店は超満員だが四時半にもう帰る人もいて、主人は皿徳利を見て、しゃっと算盤《そろばん》を入れる。

一階の奥は広い入れ込み座敷で、団体客の中の若いのが「アレとアレ、ついでに酒も持ってこい」と運び役につかわれる。二階も皿小鉢が並び、足りないと下から追加する。小上がりの小卓は相席を好まない一人者が「オレはここ」と居場所をつくり一人ごちる。

通りを見下ろす窓席もカップルに人気だ。

良心的な主人とそれを愛する客が、長い年月をかけ作り上げ、その町の拠《よ》り所となった居酒屋こそが宝だ。通人の通う高踏的な店ではなく、大きな大衆酒場であるところに絶大な価値と誇りがある。カウンターで主人相手の一杯ではない寄り合い机の酒は、村祭の酒の賑《にぎ》わいにも似て豊かそのものだ。徳利はすでに三本。いい酒はあまり酔わない。空徳利を持ち上げ、もう一本と女将に見せると、にっこり笑った。

日本三大土塀とは

熱田《あつた》神宮、大樹の覆う小砂利道をぎしぎしと歩いた。笠木《かさぎ》が梢《こずえ》にもぐるほど高い一の鳥居、二の鳥居をくぐるたびに立ち止まり一礼する人が多い。帰りもまた振り向いて一礼。手ぶらの支度は近くの人か。信心篤《あつ》いことだ。

しめ縄が巻かれた天を圧する樹齢千年以上の大楠《おおくす》は、伝・弘法大師お手植え。隣は〈献酒　愛知県酒造組合〉十四列五段、計七十の四斗樽薦被《こもかぶ》りが重ね並ぶ。尊皇《そんのう》、神《かみ》の井《い》、賜冠《しかん》、國盛《くにざかり》、義侠《ぎきょう》、長誉《ちょうよ》、神鶴《かみつる》、金虎《きんとら》など天下国家をにらんだ大時代な名が多いのは、「郷土三英傑」信長・秀吉・家康ゆえか。

特別な日ではないのに子供連れ家族や年配夫婦、若いカップルなど参拝が多い。本宮拝殿に向かいジャンパー姿の年配の男が一人、じっと手を合わす時間が長い。小旗に続く制服スーツの若い女性たち十人ほどは観光ガイド嬢の研修らしく、神妙に並んで手を合わせ一礼して終えると、なんとなくはしゃいで初々しく華やかだ。

おみくじもよく売れ、その場で真剣に読んだり、見せ合っている。諸外国にこういうものはあるのだろうか。日本人はおもしろい。私も購入。その卦《け》は〈第七番　中吉　後悔先立たず。よく思案して強い信念を持ち、周囲の人の協力を得れば思い通りに運気が好転する。思う一念岩をも通す〉。

はい、わかりました。細縄には結んだおみくじがいっぱいだが、私は戒めに持って帰るとしよう。

一角に「信長塀」というものがあった。〈永禄《えいろく》三年（一五六〇年）織田信長が桶狭間《おけはざま》出陣の際、当神宮に願文を奏し、大勝したので、その御礼として奉納した塀である。土と石灰を油で練り固め、瓦を多数積み重ねている。三十三間堂《さんじゅうさんげんどう》の太閤塀《たいこうべい》、西宮《にしのみや》神社の大練《おおねり》塀と並び、日本三大土塀の一つといわれている〉。

私の感想は「へー」（笑）。日本三大土塀というものがあるとは知らなかった。後に調べると、京都の太閤塀は豊臣秀吉が寄進した桃山調の優雅な築地《ついじ》塀（泥土をつき固めて作った塀、多くは瓦などで小屋根を葺《ふ》く）。兵庫西宮の大練塀は延長二百四十七メートル、現存最古の室町時代の築地塀とのこと。塀を少し勉強したことでした。

神宮南鳥居を出た先の「あつた蓬莱軒《ほうらいけん》　神宮店《じんぐうてん》」は、本店創業明治六（一八七三）年「ひつまぶし」の老舗だ。昼どきにかかり混んだ店内は二階三畳座敷に通され、ほどなく女性三人組と相席に。注文をうかがいに来て女性たちは「ひつまぶし」、私も「ひつまぶし」と答え、互いに笑い合う。

あとは待つだけ。お茶をすすりながら聞こえる女性の話はあちこちに飛び、なかなか大胆だ。「あ、匂いがしてきた」の声で登場。四人で仲居さんの説明を聞く。「お椀《わん》で一膳目はそのまま鰻をお楽しみください。二膳目は薬味（葱・山葵《わさび》・海苔《のり》）をかけて、三膳目はお出汁《だし》をかけてお茶漬けで」。

しからばおひつの木蓋をとると鰻蒲焼《かばや》きの湯気が上がりうまそうだ。しゃもじで椀に盛り、しばし一同沈黙。ややあって「おいしい！　チョーおいしい」の歓声が。

焦げのある直《じか》焼き蒲焼きは細かく刻まれておひつを埋め、タレがよくしみて味は濃厚。これをご飯とかきまぜて食べる。

江戸の蒸す蒲焼きの鰻重《うなじゅう》は、照り艶の美しさを最も尊ぶ。それをざくざく刻んだら焼き職人は卒倒するだろう。通人は頭と尾の味のちがいを楽しみ、一切れをそっとご飯にのせて口に運び、ぐちゃぐちゃ混ぜたりすれば「お前は子供か、行儀がわるい」と叱られる。タレも濃すぎると「タレの味しかしねえな、鰻はどこいった」と嫌みを言われる。

ひつまぶしはちがう。照り艶もあらばこそ、わしわし混ぜて食べるのは味に格好をつ

おみくじを結ぶ熱田神宮

けない合理的な名古屋流だ。二膳目、三膳目と作法通りいただき、満腹いたしました。

ぶらぶら行き、海を前に高櫓《たかやぐら》の鐘撞《かねつ》き堂、石台の常夜灯、形良い松の並ぶ「七里の渡船」に出た。

〈熱田湊《みなと》常夜灯　この地は宮（熱田）の神戸《ごうど》の浜から、桑名《くわな》までの海上七里の航路の船着場跡である。常夜灯は寛永二年（一六二五）……に建立した〉云々《うんぬん》。

京に上る東海道はここで陸海の二路に分かれ、お伊勢詣《まい》りなどは徒歩に飽きた道中旅に船便がよく使われた。入り江の船だまりには海鳥が群れて浮かぶ。当時を描いた「尾張名所図会」は係留する帆掛け舟、艀舟《はしけ》、道沿いに並ぶ旅籠《はたご》屋、行き交う人々で賑わい、鳥居の道は熱田神宮に向かう。

瓦の二階家「熱田荘」は明治二十九（一八九六）年の元料亭「魚半《うおはん》」で、近世の町家をよく残すとある。建築に興味のある私は〈木造・二階建・切妻《きりづま》造・桟瓦葺平入り・正面庇付〉の説明をひとつひとつ確かめて眺めた。

事件発生

夕方暗くなってホテルに戻り、やれやれと鞄《かばん》を確かめると取材メモ帳がない。ポケットから出し入れして歩いている途中に落としたようだ。大変だ。私の取材はすべて詳細なメモ頼りでこれがないと原稿が書けない。

あわてるな、最後にメモを取ったのはどこだ。そこに行けばあるか。ばか、落とした場所が特定できるのか。昔一度失《な》くし、青い顔でその前に居た居酒屋に駆け込むと「これでしょう」とひらひらされ恥ずかしかったことがあった。でも今回は外歩きでわからない。お金ならあきらめがつくが、これは代替のきかない重大事件だ。困った。フト、鞄の底の熱田神宮「おみくじ」を広げると〈失物《うせもの》　手近にあり〉とある。ウーム……。

独房とモーツァルト

ひつまぶしなどいただき、のんびり歩いているうちに、大切な取材メモ帳を落としてしまった。連載に穴はあけられない。記憶を頼りでは書けない。昨日今日の行程をもう一度取材し直せばいいが、それもちょっと。そうだ、警察に拾得物で届いているかもしれない。電話しよう。一一〇番に電話するのは初めてだ。

「どんな手帳ですか?」

「キャンパスノートの手にのるサイズです」

「住所お名前は書いてありますか」

「いいえ」

「中にはどんなことが」

「……居酒屋の取材です」

「もし届けがありましたらとっておきます」

「よろしくお願いします」

電話を切ったがいかにも他力本願だ。小さなメモ帳など交番に届ける人はいないだろう。

翌朝おちついて考えた。最後にメモをとったのは堀川沿いの日本庭園「白鳥《しろとり》庭園」と思う。そこには手入れの庭職人がいた。もしそこで落としたのなら拾ってくれたかもしれない。

午前九時の開園時間を待ち、祈る気持ちで管理事務所に電話をすると女性の方が出た。

「どんな手帳ですか？」

「キャンパスノートの手にのるサイズです」

「住所お名前は書いてありますか」

「いいえ」

「ボールペンを挟んでありますか」

「……あ、そうですそうです」

「届いてございます」

「！！！！！」

おお！　反射的に立ち上がって礼を言い、すぐ取りに行きますと伝える。やでうでしや、ああよかった、よかった。フトおみくじを広げると、末尾に〈思う一念岩をも通す〉とある。熱田神宮の御籤《みくじ》は当たる！

昨日と同じ電車に乗り、タクシーで白鳥庭園管理事務所に駆けつけた。用意してくれていた女性は、まさに白鳥のように後光がさしてにっこりと美しく、私は卒業証書の如《ごと》く両手で拝受、深々と頭を下げたのでした。ありがとうございました！（というわけで前回までの原稿が書けたのでございます。私事失礼いたしました）

しかし反省した。その手帳を、オカエリ、一晩でも淋《さび》しい思いをさせてゴメンネとさすりさすり、中を広げると〈ひつまぶしは味が濃い〉などとたいしたことは書いてない。これ読まれたかなあ、まあいいや。いやそれより、何かお礼の品を持ってゆくべきだったか。自分の安堵《あんど》だけにかまけていたとさらに反省。大切に鞄にしまった。

名古屋の名建築

市の中心にある巨大な建物「旧名古屋控訴院・現市政資料館」の前に立って圧倒された。東京駅ふうに、赤煉瓦と白花崗岩を組み合わせた三階建ては左右対称に長く、両端に三角の大屋根、中央高い塔屋にさらに丸いドームがのる。大正十一（一九二二）年に

市政資料館の壮麗な階段室

完成したネオ・バロック様式で国の重要文化財。壮麗ななかに裁判の威厳がみなぎる。

玄関を入り再び立ちつくした。吹き抜け大ホール中央階段室は、青灰色模様の大理石を手すりにした独立大階段が、両側にたっぷり空間をとって支柱なしに空間に浮き、司法を表す天秤《てんびん》の大ステンドグラスの踊り場から左右に分かれてさらに上り回廊となる。下の階を見下ろして一周する回廊は真ん中がふくらむエンタシス列柱が囲み、中央の蒲《かま》鉾《ぼこ》型ドーム天井は外光を採りこむステンドグラス。素材も空間も様式も贅《ぜい》をこらして驚くばかりだ。

いろんな展示の中に、建物正面車寄せの上に輝くのと同じ金色の装飾シンボルがあった。公正な裁判を意味する神鏡と神剣を房つきの紐《ひも》（これも金属）ががっしりと縛り、金物好きな私は見飽きない。

正面大階段下を今度は下へ降りると、豪華な上階とは一変、冷え冷えした無機質な廊下に受刑者留置室が並ぶ。雑居房は左右二間《けん》・奥行き三間の六畳間。独房は左右一間・奥二間の縦長四畳、ともに床は木張りで、隅に小さな洗い場と水道があるほかは何もない。高い小窓はもちろん頑丈な鉄柵がはまる。映画などでよく見るのと同じで、今は使わない見学用だが入ったのは初めてだ。罪を犯すとここか。しばらく一人で立っていたが怖くなり退散。娑婆《しゃば》に戻った気分だった。

名古屋市史、名古屋の近代建築、復元法廷などを見た最後の広報室は、壁一面に「菊《きく》里《ざと》高校音楽科プレゼンツ　市政資料館オータムコンサート」の写真が貼ってあった。華やかな階段踊り場をステージにして、紺の制服の男女学生が楽器を演奏する姿は清らかで胸熱くなるようだ。曲はヘンデル「パッサカリア」、モーツァルト「フルート四重奏曲」など。さぞ良い音が響いたにちがいない。

さらに「桜台《さくらだい》高校ファッション文化科　ファッションショー／歩こう！　文化のみち」の写真は、自分たちのデザインした服を着て階段室に立ち、晴れやかに颯爽《さっそう》とポーズをとる姿が喜びに満ちている。副題「対比から生まれる表情」は古典と現代の自分の対比だろう。

私はどちらもいつまでも見た。裁判という厳粛な権威の場を若い人たちに開放するのはとてもよいことだ。古典建築のよさを知らしめることにもなる。

落とし物は出てくる、立派な建築を若い世代に使わせる。名古屋って案外いい所かもしれない。

決定！　名古屋の二大麺

市政資料館から表の大通りに出ると、さらに雄大なビルが二つ並んでいた。名古屋市役所は昭和八年築の五階建て、愛知県庁は昭和十三年築の六階建て。ともにかなり大きく、昭和天皇御大典記念事業として建てられ、作風は煉瓦タイルに和風屋根を戴《いただ》いた典型的な帝冠様式。冠部はどちらも名古屋城を意識し、市役所は高い塔屋に天守閣が四方に向き、県庁は入母屋《いりもや》千鳥《ちどり》破風《はふ》の櫓をのせる。並んで建つ大館は壮麗だ。

昭和初期に流行した帝冠様式は、東京では上野国立博物館や九段《くだん》会館（旧軍人会館）が残る。名古屋市役所はどこかと似ていると思ったら、横浜にある通称「キングの塔」神奈川県庁舎（昭和三年築）の設計スタッフを呼んで完成させたと知り納得した。

市政資料館から近くの道は江戸期は武家屋敷、明治以降は近代産業人などが居を構え、様々な人が交流した所だ。今は文化遺産として修復され「文化のみち」と名付けられている。

その一つ「二葉館《ふたばかん》」は、明治生まれ、パリ万博で名をはせた日本の女優第一号・川上《かわかみ》貞奴《さだやっこ》と、福沢諭吉《ふくざわゆきち》の婿養子で「日本の電力王」といわれた福沢桃介《ももすけ》が暮らした大正九年築の洋館だ。石張りに赤瓦はわが国最初の洋風住宅専門会社「あめりか屋」の設計。社交サロンを意識した玄関大広間は赤絨緞《あかじゅうたん》のらせん階段がシンボリックに据えられ、二階から降りてくる「女優」貞奴は招待客を大いに魅了したという。写真に残る裾引きロングドレス姿は西洋婦人そのままの見事な着こなしだ。

壁面を埋めるステンドグラスの下絵は、福沢の義弟で近代日本のグラフィックデザイナー第一号・杉浦非水《すぎうらひすい》。大きな円形出窓に合わせた円形ソファは歓談にまことにふさわしかった。

対極の味

腹へった。名古屋のうまいもので、案外これが当たりではないかと見当をつけた創業五十年のラーメン「好来道場《こうらいどうじょう》」は、地下鉄桜通線《さくらどおり》吹上《ふきあげ》駅五分とのこと。ネットで店地図も用意したけれど、どの出口かわからず適当に上がったが全く見当がつかない。私は絶望的な方向音痴。ヘタにうろうろ探すより電話で聞くに限る。

「今セレモニーホールの角です」

「通りを渡って右に」

「どの通りですか？」

「前です」

角だから前は二つある。

「どの前ですか？」

「向こうに何が見えますか」

「トヨタレンタリースの看板」

「それと反対側の」

「反対側とはどっちですか」

「北です」

そう言われても北がわからない。詳しく聞いて歩き始め十分経過。どうも違う。あきらめてタクシーを拾い地図を渡すと、しげしげと眺め「この近所ですが車は遠回りになります」。結局徒歩五分が小一時間もかかって住宅街の店についた。やれやれ、自分がどこにいるのかは全くわからない。

大カウンターにきちんと並ぶ箸、レンゲ、香辛料。ピカピカに清潔な厨房《ちゆうぼう》はラーメ

「好来道場」のトロロ昆布入り快老麺

ン単品勝負の気概が見える。品書きは丁寧で〈基本ラーメン松・並・肉3枚・800円／竹・メンマ多し・肉3枚・1000円／寿・チャーシュー多し・肉7枚・1000円／寿竹・チャーシューメンマ多し・肉7枚・1200円〉。さらに大盛〈大松／大竹／大寿／大寿竹〉と続く。しかし私の注文は次の〈トロロ昆布《こんぶ》入り・快老麺・並・肉2枚・800円〉だ。

年配の兄弟二人。弟が茹《ゆ》でた麺を兄が準備した丼に受けて整え届いた。丼全面を覆う白板昆布から海苔・チャーシュー二枚・極太メンマ・葱が半透明に透ける。

フー、スー、つるつる。

野菜を感じるスープ、白板昆布がトロリとからむ太めの麺。あっさりの中に滋味深く、いくら食べても健康という安心を感じ、じつにうまい。汁一滴残さず完食。元祖薬膳ラーメンは道に迷った価値おおいにありだった。

夜、これも名古屋で超有名な台湾ラーメン「味仙《みせん》 今池本店《いまいけほんてん》」へ。お約束通り散々探して見つけたのは地下鉄出口を上って歩き始めた逆だった。すぐ左にあるのに迷わず右へ右へと進むバカ。

煌々《こうこう》と明るい大楼の夜九時に行列ができている。店内も待ち椅子がいっぱいで、グループがどんどん二階へ上ってゆく。広大な厨房は、二十名以上いるコックの中国語が大声でとびかい、中華鍋をカンカン叩《たた》いて狂騒状態だ。〈台湾ラーメン・６３０円〉は小碗《しょうわん》ながら挽肉《ひきにく》とニラが山盛り。ザリとした口当たりは赤唐辛子とニンニクか。強烈濃厚スープは甘み酸みが爽快に効き、ニラの香りも充分な爆発的旨《うま》さに無我夢中。放心状態で満足した。

なんとなく来てみた名古屋は一筋縄ではゆかず、意外の連続だった。期待した〈味噌煮込みうどん〉は、老舗も評判店も行ったが私にはちょっと。〈味噌おでん〉もまた。あんかけナポリタンは敬遠。結局、薬膳ラーメンと台湾ラーメンが私の二大・名古屋麺となった。その味は「対極」。

　明日は名古屋駅から列車に乗る。食べ残した〈きしめん〉は、通はここと聞いた、名古屋駅在来線３・４番ホームの立ち食いきしめんに寄ろう。

木曾福島

2014年2月

古民家のコタツで教え子と

木曾谷に教え子を訪ねて

名古屋に三日ほどいて、JR中央西線で長野県の木曾福島《きそふくしま》に向かった。

山形県にある東北芸術工科大の教え子U子は、卒業後東京のデザイン事務所に就職し、先年大学同窓生のS君と結婚した。彼は店舗内装会社に勤めていたが結婚を機に一念発起、将来家具職人として独立すると決め、長野県木曾にある「上松《あげまつ》技術専門校」を受験することに決めた。

木曾は江戸時代から林業が盛んで檜《ひのき》などの木曾五木は藩により守られ、木工漆器などが盛んになった。上松技術専門校は長野県が設置運営する木工の職業訓練校で、学生は十代から五十代までいる。受験した木材造形科の県外枠、応募六十数名、合格者十名の難関を合格した。

修学は一年だが、結婚したU子は東京青山《あおやま》のデザイン事務所を辞めて、夫が一年住むことになる木曾に従《つ》いてゆくと決めた。学生寮もあるが、希望すれば空いている古民家が借りられると知りそちらを選び「先生、木曾に一度遊びに来てください」と誘われていた。

学校のある上松町隣の木曾福島（現・木曽町）はかつて私の両親家族が住み、そのころ私は東京の大学生で、帰るのは夏休みと正月くらいだったけれどもちろんよく覚えている。薄給教師の父は、子三人をそれぞれ進学させ、貧乏のどん底だった。それだけに思い出は深い。その家はまだ残っているか、ついでにそこも訪ねてみよう。

コタツ宴会

昼を過ぎ列車外の吹雪《ふぶき》はどんどん激しくなり、長野県に入ると徐行運転、車内放送はダイヤの乱れ、不通を伝える。今日は同じゼミ教え子の二人が東京からスキーをしに来てU子の家に泊まると聞いて私も行こうと決めたのだった。携帯電話で、みんな来ていてスキー中、夕方には車で迎えに行きますので上松駅で待っていてくださいとなった。

特急は上松駅は通過、次の木曾福島で降りた。

昼食に木曾福島の古い蕎麦《そば》屋「くるまや」へ歩き始めた。いや歩けない。雪はどんどん積もり、誰もいない長い坂道を一歩また一歩のきつい状態になった。やってるかな。

ヨカッタ、開いてた。真っ白な肩の雪をぱたぱた落として入り、大ストーブに手を当てる。とりあえず上がり座敷で熱燗《あつかん》一本。ふう温まるのう。大雪に客もないが、椅子席の背の高い男はドイツ人らしく、日本女性と二人で冬の木曾街道を歩くのか、大型リュックを背負って出て行った。

冬の木曾名物、蕪《かぶ》の葉茎の〈すんき漬け〉は「米は貸しても塩は貸すな」と言われるほど塩が大切だった木曾の、塩を使わない乳酸菌発酵の酸みが特徴だ。それをのせた温かい〈すんきそば〉で人心地ついた。

歩くのをあきらめタクシーを呼んでもらい、その足で昔のわが家を見に行くことにした。車は来たが猛吹雪の途中で停止してチェーンを調べている。ほとんど前は見えないホワイトアウトをのろのろ徐行。車の腹をすって雪道を行くのはこの車のみ。これはだめだ。

「やめた、もどろう」

「そうするずら、これは無理だじ」

駅に戻ると上松方面上り列車は不通になっていた。タクシーしかないが、木曾谷の曲がりくねる細い国道は大型トラックがとばす難所で知られる。この大雪だ、暗くならないうちに行くに限る。

やがてストーブもない田舎《いなか》駅の上松で待つこと二時間。列車は不通となり、最後は待合室の電灯も消えて心細くなった頃、ようやくスキー帰りの車が来た。

U子の家は古い集落の大きな古民家だ。部屋はいくつもあり、一室をスキー板や靴、ウエアの乾燥室にしてストーブをがんがん焚《た》く。東京からの二人組と「先生、よく来れましたね」「もー大変」と笑い合う。

皆で共同温泉に行き、帰ってコタツ宴会となった。やっぱり若い奴《やつ》は元気で行動力があるな。こちらはコタツで丸くなり「先にビールくれ」「はーい」と口を出すばかり。女性陣の料理、豚肉と白菜の鍋がどんどん売れてゆく。おかずのすんき漬けは、ピザにのせたらおいしかったそうだ。

細い桟の板戸障子が艶《つや》光りする古民家座敷は寒いが、かえってコタツを楽しめる。隣の畳部屋は机にパソコンや家具本、図面などが並ぶ。勉強中のS君は職人らしいもの静かさが出てきて安定感が見え、囲炉裏の板の間に置いた北欧の名作椅子を模作した白木レプリカが美しい。U子は会社は辞めたが、パソコン通信で仕事を頼まれ、月一度くらいは東京に打ち合わせに行っているそうだ。

腹もふくらみ、U子にこの一年の感想を聞いた。

結婚して間もなく誰も知り合いがいない山村に来て、これからの人生を二人で暮らす覚悟ができた。豪雨の日、天井煙抜きからの雨漏りを大奮闘で防いだり、風でトタン屋根が飛んだり、何かと楽しい問題がおきる。

都会から来て住み始めた若夫婦を集落の人は自分の子供のように迎えてくれた。春は山菜や筍《たけのこ》掘り、夏は畑の採れたて野菜、秋は原木栽培なめこ。集落の行事や祭に参加するのも楽しかった。何よりも木曾駒ケ岳《こまがだけ》や御嶽山《おんたけさん》の姿、木曾谷の四季のうつろいは見飽きることがなく最高だった。

間近の三月に卒業したら故郷の山形に帰り、本格的に工房を作る準備に入る。工房の名前もてらわず、姓から「土澤木工」と決めた。五〜十年後には、暮らしに豊かな時間を生むような質の良い家具を作ってゆきたい――。

春は出会いと別れの季節。結婚した夫を信じてついてゆくU子は輝いていた。木曾の一年は一生の思い出になることだろう。「そのときはオレの机を頼むよ」と言うと二人はにっこりと笑った。

あとがき

ひとり旅を続けていると行動パターンが決まってくる。あれば必ず寄るのは市場。市場はその土地の産物がよくわかり、見て飽きず、お土産《みやげ》を買える。早いうちに市場に行き、これと思う品を宅配便で送ってしまえば、帰ってからのお楽しみになり、家族への言い訳にもなる。

このとき日ごろお世話になっている方にも送る。そのための住所メモは常に財布に入っている。中元歳暮をこれで済ませるが、コツはあまり凝った珍品にせず、もらって困らない普通の品。例えばタラコ、筋子、漬物、一夜干しなど。その最上品にする。高知のパックのカツオ叩《たた》き、千葉の丸干し、宇和島《うわじま》のじゃこ天はお礼状が来た。

私の日本三大市場は、釧路《くしろ》「和商《わしょう》市場」、金沢《かなざわ》「近江町《おうみちょう》市場」、小倉《こくら》「旦過《たんが》市場」。続いて秋田「市民市場」、京都「錦小路《にしきこうじ》」で五大市場となる。市場はうまい食堂があるのも楽しみだ。

次は「古道具屋」のぞき。「古美術商」は敷居が高く、入るのはあくまでこちら。見るのはおもに酒器や皿で、文字通り埃《ほこり》をかぶっている二束三文から探す。値段は上限一つ二〇〇〇円だが、だいたい四〇〇〜五〇〇〇円だ。何々焼のような陶器には興味がなく、印判や染付《そめつ》けの絵のある磁器。新品よりも、役目を終えて今ここに静かに埃をかぶる、それを買い求めて再生させるのが好きで、気がつけば山のようになった。これも最近は良いものがあると二つ買い（安いし）、一つを好きな女性に勝手にプレゼントしたりしている。

経験では良い品が安くたくさんそろうのは飛驒高山《ひだたかやま》、近江長浜《ながはま》だ。高山の店の主人に「交通不便な高山は、昔からものを捨てない習慣があり、それでガラクタがこれだけそろっている」と聞き、よい話と思った。京都は値段が倍以上高いが、よく行く一軒は「エイ」と覚悟する秀品がある。

三番目は中古レコード。音楽は真空管アンプでレコード派の私はその入手が肝要。神戸の店は必ず入り十枚近くも買うが、外国人が多いためか古い外盤ジャズボーカルが多い。熊本では長年探していた盤をみつけ、しかも安く（価値がわかっていない？）、入ってみるものだと思った。京都は有名な店があり、保存状態もふくめ良盤が多いが、価値がわかっているため高く、掘り出し物は少ない。盛岡にも良い一軒がある。

これらは住んでいる東京でもできることで、築地《つきじ》市場には日本中（世界中？）の海産物があり、浅草《あさくさ》や西荻窪《にしおぎくぼ》の古道具も、お茶の水や新宿の中古レコードも充実だろうけど、あまり行く気にはなれないのは、昼間からそんな所をぶらぶらしたくないからだ。

――そう「旅心」です。好きな人に品を送る宅配便の紙に「釧路の市場にて」「高山の古道具屋にて」と書くときこそ自己満足の「ヨロコビ」なのであります。

二〇一六年十月　　太田和彦

解説

角田光代

豊橋、八丈島、酒田、福井、釧路、名古屋、木曽《きそ》福島。

以上、本書で、著者の太田和彦さんが訪ねる町だが、私はこのなかのいくつかの町にいったことがある。そしてそのどの町でも同じことを思った。「なんにもないところだな」と思ったのである。そのことを、本書を読みながら私は深く深く反省するとともに、「なんにもない」と思った自分を心底恥じた。なんにもないのは町ではない、私だ、と思い知らされたのだ。

これらの町に、作者は用があっていっているのではない。用もなく、ふらりと訪れる。ふだんはあまり意識しないことだけれど、多くの大人は、用がないということを恥ずかしく思っていて、用があるふりをする。旅行にいく前には、いくべき場所をしっかり決めてスケジュールを組み、そのスケジュールが「用」だと思いこむ。知らない町でなんにもすることがないとなると、不安なのだ。そして、用もないのにそんなところにいる自分がいたたまれなく思えてくる。だから用で埋め尽くす。本書に登場するいくつかの町に私が訪れたのは、いずれも本当の用があってのことだった。仕事だったり、友人たちとの旅行だったり、好きなバンドのライブを見にいったり。その用以外の時間、何をしようかと町を歩きまわって、「なんにもない」と思ったのである。つまりそれは、用らしきことを見つけられなかったのだし、用がないのに歩いていることが恥ずかしかったのだと思う。

しかし、その「用がない感じ」を、恥ずかしがらずごまかすこともなく、むしろ誇らしく作者は描く。町に着いて、ホテルに荷物を置いて、ぶらぶらと町を歩き、興味のあるものを見つけ、夜になったら飲みにいく。翌日も同じ。スケジュールはたてない。「用」を作らない。

それだけ、といえばそれだけのぶらり旅なのだが、じつはこのなかで「興味のあるものを見つけ」るという部分が、ふつうの旅人にはけっこう難易度が高いと思う。歴史なり、文化的背景なり、比較すべきほかの地なり、縦横無尽な知識がないと、何も興味に引っかからない。ということを、私は本書の「八丈島」の章を読んで思い知らされた。島の中心部に「島酒之碑《しまざけのひ》」があり、その隣に「魚之碑」がある。この島に酒を伝えたのは、島流しにあった御用問屋だという。そこから歩くとはじめてこの島に流刑となっの人の墓がある。その人、宇喜多秀家《うきたひでいえ》のエピソードが紹介される。八丈島という場所の個性が見えてくる。今まで見えてこなかったものが見えてくる。慶長《けいちょう》十一年の流人第一号から、明治四年までに二千人近い人が島流しにあった。「八丈文化は流人によって培われたと言っても差し支えない」と、民俗資料館にある。多くの地方からあたらしい技術や文化がもたらされ、それが独自の文化となって今もはぐくまれている。

ここまで読んで私はすっかりこの島の魅力に取り憑《つ》かれている。作者が歩いて見つけた興味から、豊富な知識を軽やかに広げて見せてくれて、はじめて私も興味を持つのである。ひとりで歩いていたらきっと私には見つけられない興味である。

こうした石碑なり、建築なり、橋なり、資料館なり、あるいは屋外の芝居なり、何かしらの知識がないと興味のアンテナが動かない。たとえば作者は豊橋で、公園にテントがあるのを偶然見かける。ここで芝居をやるらしいと知り、見にいって感動する。これもまた、作者が学生時代に唐十郎《からじゅうろう》のテント公演に心ふるわせていなければ、アンテナは動かなかったかもしれない。

はたまた、「明治の初め、女子の身で言葉もわからないロシアに単身渡り、帰国後は誰とも交わることなく生涯、聖像を描き続けた」人がいたと知らなければ、ハリストス正教会に立ち寄らないかもしれず、新宿にかつてあった有名な喫茶店「風月堂《ふうげつどう》」に通った経験がなければ、「酒房かるとん」の建物に目をとめなかったかもしれない。

自身のなかになんの知識も体験も、感動の記憶もなければ、そもそも興味のアンテナはぴくりともしない。何も見つけられない目には、なんにもない町に見える。作者の敏感なアンテナを借りて、読むことで私もこれらの町を歩いてみて、そのことを実感するのである。酒田に豪華なキャバレーがあることも土門拳《どもんけん》記念館があることも私は知らなかった。釧路に啄木《たくぼく》の銅像があることも知らなかったし、「港文館《こうぶんかん》」に連れてきてもらわなければ、啄木がもてる男だったということも知らないままだったろう。

そしてやっぱり読んでいてわくわくするのは陽《ひ》が沈み、さあ飲もうという時間。私は勝手に太田和彦さんのことを居酒屋先生と思っている。その先生がその町の酒場を案内してくれる。

店に入ってまず飲む一杯目の描写の、なんと秀逸なことだろう。クイー……。ググググー……。ぐびり——。クイ、クイ、クイー……。ツイー……。きんきんに冷えた麦酒《ビール》や、澄んだ味の日本酒を、私までご相伴にあずかっている気持ちになる。

その土地のものもおいしそう。ミズと油揚げの煮物、持ち帰り専門の惣菜《そうざい》屋さんが売る天ぷら。めかぶ唐揚げ、厚揚げ焼き、油揚げ。はじめて耳にした食べものも多い。食べものの味を書くのは難しい。おいしい、とくり返してもいけないし、オノマトペや比喩を用いて言葉を尽くすと今度は滑稽になる。

　それが、どんなマジックなのかわからないが、太田和彦さんは、メニュウ名を羅列して書いただけで、読み手を陶然とさせるのである。たとえば名古屋の居酒屋で、春シリーズで肴《さかな》を選び、「〈新筍《しんたけのこ》と絹さや煮物〉〈やりいか煮〉。我ながらチョイスがいいのう」と書く。味についても見かけについての説明はいっさいなし。けれども、こう書かれただけで、今すぐ新幹線に乗って名古屋を目指したくなるではないか。難易度の高そうな居酒屋で、品数多い料理を選んで食べたくなってしまうではないか。私もこんなふうに書いてみたいと、真剣に思う。しかしメニュウをただ書くことはだれにでもできても、読み手の口中をよだれで満たせるかとなると、これはだれにもできない技だ。

　ちなみに、私も、訪れたことのあるこのなかのいくつかの町で、その土地の人がいく居酒屋をさがして入った。その土地の人に教えてもらっていった店もある。しかし私の記憶では、それらの町にはその店と、あとはチェーン店の居酒屋くらいしかなかった。だから、作者が何軒もはしごしているのに驚いた。これもまた、私の目には見えなかったのだろう。

　さらに旅はいいなあ、と思わせるのが、垣間《かいま》見える他者の日常と、彼らとの一瞬の触れ合いだ。作者はこれもまたみごとなさりげなさで切り取って見せる。

八丈島の子どもたちとの短い、でも親密なやりとりに思わず笑みがこぼれる。作者が「シェー」のポーズをすると、女の子は荷物を道におろして真似《まね》をする。このすれ違う子どもたちこそ、この島の歴史が築いてきた、他者を拒まずあたたかく迎え入れる島の個性そのものだ。

私がもっとも感動したのは、酒田「まる膳《ぜん》」のお母さんとのやりとり。店をはじめていたのに、もっと勉強したいと東京に通い、二年間料理を勉強する。そのよろこびと、若い生徒さんたちとの交流。会ったこともない居酒屋のおかみさんの、人生の断片がありありと見えて胸がいっぱいになる。そこに詰まった驚きやよろこびまでも、触れたような気持ちになる。彼女に向かって作者が言う一言がまた、いい。おかみさんの照れたような笑顔が私にも見える。まるですばらしい映画を見たような印象を持ったが、このくだり、書かれているのはわずか十三行。一ページにも満たない。こんなに簡潔な文章で、一本の映画を見せてしまうのは、これまた私にはマジックとしか思えない。

釧路の居酒屋「しらかば」での、客とのやりとりも読んでいると目に見えるよう。健《けん》啖家《たんか》のおばあさんたちと、元気のいい娘さんたち。その後の、島津貴子さんのエピソードもすてきだ。

どの地にも、人の暮らしがあり、ちいさな人生がある。作者はそこに、入りこむというよりは、敬意をもってお邪魔する。呼ばれていないけれど、ちょっとお邪魔しますよ、とでもいうような、謙虚さがある。そのことに気づいたとき、私はちょっと姿勢を正したくなる。旅先では、とかく振る舞いも非日常的になりやすい。旅の恥はかき捨てという言葉もあるほどだ。写真を撮りまくって大声ではしゃいで、おみやげを買いまくって、食べきれないほどあれこれ食べようとして結局残して、前後不覚に酔っぱらってああたのしかった、という旅をしてしまいがちだ。でも、その地で営まれている暮らしにそんなふうにずかずか入りこんでいくものではない、と、もちろんここには書かれていないが（作者はそんな説教は決してしない）、勝手にそう諭された気持ちになる。呼ばれてもいないのに、用もないのにやってくるのが旅人なのだから、そのことをわきまえて、そこで毎日行われていることをほんの少しのぞかせてもらうだけで充分以上だ、そう知るべきだ。と、そんなふうに思う。そのようでなければ、ここに描かれているような、ありありとした人の暮らしも見えず、触れ合うこともできないのではないか。

作者本人は、ただぶらぶらと旅しているだけ。けれどもこの一冊はいろんなことを教えてくれる。旅のしかたも、酒の飲み方も、店の選び方も、粋な会話も、「大人」のありようも。何よりも、用がないのが旅の醍醐味《だいごみ》だと思えてくる。ただ酒を飲みにいくためだけでもよし、名物料理を食べるだけでもよし、はたまた、地名が気に入ったからでもよし。知識がないなら彼の地で得ればいい、歴史を知らないのなら歩いて知っていけばいい。「なんにもない」と決めつけることをやめれば、ずっとたくさんの、ずっとゆたかなものが見えてくるのに違いない。さあ、用のない場所に、用を作らずに出かけていこうではないか、と、そんなわくわくした力強い気持ちになる。

（かくた・みつよ　作家）

本書に登場する店や場所

【豊橋】
劇団どくんご
鹿児島県出水市
上大川内2794−87
☎0996−68−2588
http://www.dokungo.com/

【八丈島】
梁山泊〈郷土料理〉
東京都八丈島八丈町三根1672
☎04996−2−0631

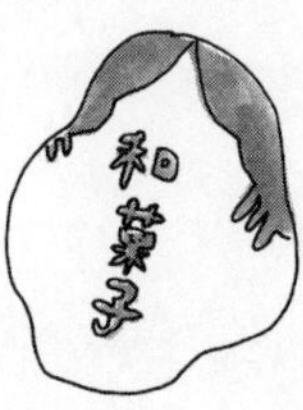

八丈島歴史民俗資料館
八丈島八丈町大賀郷1186
☎04996−2−3105

【酒田】
そば川柳〈ラーメン、そば〉
山形県酒田市中町2−6−9
☎0234−22−1188

久村の酒場〈居酒屋〉
酒田市寿町1−41
☎0234−24−1935

まる膳〈居酒屋〉
酒田市中町2−3−23
☎0234−24−2811

【福井】
割烹 間海
福井市順化2−21−8
☎0776−22−7660

かっぱ〈居酒屋〉
福井市順化2−19−16
順化ビル1階
☎0776−23−4556

バッカス〈バー〉
福井市順化1−17−10
☎0776−25−5814

谷口屋〈豆腐料理〉
福井県坂井市丸岡町
上竹田37—26—1
☎0776—67—2202

【釧路】

炉ばた　しらかば〈和食〉
北海道釧路市栄町2—3
☎0154—22—6686

炉ばた　万年青〈和食〉
釧路市栄町4—2
☎0154—24—4616

【名古屋】

歓酒亭　大安《だいやす》〈居酒屋〉
名古屋市熱田区波寄町22—24
☎052—883—6252

大甚　本店〈居酒屋〉
名古屋市中区栄1—5—6
☎052—231—1909

名古屋市市政資料館
名古屋市東区白壁1—3
☎052—953—0051

好来道場〈ラーメン〉
名古屋市千種区春岡通6—1—16
☎052—735—3655

味仙　今池本店〈台湾料理〉
名古屋市千種区今池1—12—10
☎052—733—7670

※掲載したのは二〇一六年一〇月現在のデータです。

文中に登場する方の年齢、またメニュー等物品の値段は取材当時のものです。

JASRAC 出 1612780−601

本書は、「サンデー毎日」二〇一三年八月一一日号〜二〇一四年五月四日号に連載された作品を収録したオリジナル文庫です。

集英社文庫

ニッポンぶらり旅《たび》　可愛《かわい》いあの娘《こ》は島育《しまそだ》ち

2016年11月25日　第1刷　　定価はカバーに表示してあります。

著　者　太田和彦《おおたかずひこ》

発行者　村田登志江

発行所　株式会社　集英社
東京都千代田区一ツ橋2-5-10　〒101-8050
電話　【編集部】03-3230-6095
【読者係】03-3230-6080
【販売部】03-3230-6393（書店専用）

印　刷　大日本印刷株式会社

製　本　ナショナル製本協同組合

フォーマットデザイン　アリヤマデザインストア　　マークデザイン　居山浩二

ISBN978-4-08-745518-2 C0195